长三角教育科研丛书

走向融合

教育变革的 17 种探索

汤林春　吴宇玉◎主编

华东师范大学出版社
·上海·

图书在版编目(CIP)数据

走向融合:教育变革的17种探索/汤林春,吴宇玉主编.—上海:华东师范大学出版社,2024.—(长三角教育科研丛书).—ISBN 978-7-5760-5609-9

Ⅰ.G511-53

中国国家版本馆 CIP 数据核字第 202550VA77 号

长三角教育科研丛书

走向融合——教育变革的 17 种探索

主　　编　汤林春　吴宇玉
策划编辑　彭呈军
责任编辑　白锋宇
责任校对　郭　琳　时东明
装帧设计　卢晓红

出版发行　华东师范大学出版社
社　　址　上海市中山北路 3663 号　邮编 200062
网　　址　www.ecnupress.com.cn
电　　话　021-60821666　行政传真 021-62572105
客服电话　021-62865537　门市(邮购)电话 021-62869887
地　　址　上海市中山北路 3663 号华东师范大学校内先锋路口
网　　店　http://hdsdcbs.tmall.com

印　刷　者　浙江临安曙光印务有限公司
开　　本　787 毫米×1092 毫米　1/16
印　　张　18.5
字　　数　247 千字
版　　次　2024 年 12 月第 1 版
印　　次　2024 年 12 月第 1 次
书　　号　ISBN 978-7-5760-5609-9
定　　价　68.00 元

出版人　王　焰

(如发现本版图书有印订质量问题,请寄回本社客服中心调换或电话 021-62865537 联系)

"黄浦杯"征文组委会

主　任

徐士强　郭金华

副主任

刘大伟　奚晓晶

委　员（以姓氏音序排列）

鲍冬生	陈玉华	陈越阳	程　勇	丁　杰	丁　馨	冯　吉	甘东海
高　瑛	韩志祥	胡唐明	季　恒	江　平	李　霞	李惠新	林　卫
刘俊利	刘伟超	卢廷顺	马　骏	沈忠峰	施昌魏	谭庆仁	汤林春
唐春萍	王俊山	王丽琴	吴友义	吴宇玉	谢英香	徐卫华	杨姣平
叶传平	叶鑫军	张　萌	张海峰	张俊杰	张肇丰	赵新鸿	郑丽丹
周　明	周逸君	朱军一	朱林辉				

本书编委会

主　编

汤林春　吴宇玉

编　委（以姓氏音序排列）

汤林春　吴宇玉　徐士强　张提舒可　张肇丰　周　明

目录

前言　走向融合　　　　　　　　　　　　　　　　　　001

第一章　课程融合：生成新样态　　　　　　　　　　001

1. 从"课堂"走向"生活"：跨学科课程"五位一体"融合
建构　　　　　　　　　　　　　　　　　　　　　003
2. 科学与人文在"水墨与宣纸"教学中的融合
——跨学科校本选修课程的设计与实施　　　　　017
3. "五域"融合：小主人行走课程的"完整"样态　　　030
4. 跨界共融　园外资源点亮课程——区域推进"幼儿园
内外实践体验活动"的探索　　　　　　　　　　　047

第二章　学科融合：跨出新路径　　　　　　　　　　069

5. 从"支点"到"融合"：素养导向的初中历史概念
教学实践策略探微　　　　　　　　　　　　　　071
6. "五育融合"视域下小学美术教学的探索与实践　　088
7. 四路共融：小学科学与劳动教育相融合的实践研究　107

8. 寻"通行证",达"融合境"——"五育融合"视域下小学语文跨学科主题学习探究　　117

9. 基于课标融合工程教育的跨学科实践活动设计与实施——以初中化学作品制作类跨学科实践活动为例　　136

10. 融合 SDGs 的小学科学跨学科主题学习探索与实践——以"节约用水我能行"项目为例　　150

第三章　主题融合：获得新体验　　165

11. 一盘"有戏"的蔬菜沙拉——教育戏剧与多学科融合之间的化学反应　　167

12. 走进田野　走向融合——"五育融合"背景下幼儿园田野研学活动的探索与实践　　183

13. 亦耕亦读,幼儿园劳动从"浅"体验迈向"深"探究——以大班"四季农场"活动为例　　200

14. "融合"之道的探索与阐发——以"邂逅春天的竹笋"为例　　219

第四章　评价融合：引领新方向　　229

15. 从零散拼凑到融合育人:单元视角下整体设计地理复习作业的探索　　231

16. 画像循证：指向素养"小步进阶"的校本评价融合
    行动　　　　　　　　　　　　　　　　　　245
17. "魅力魔方"：小学生综合素养评价的创新研究　257

　　后记　　　　　　　　　　　　　　　　　　277

前言　走向融合

融合育人本来是教育的正常现象,但现实中充斥着割裂式、碎片化的教育,人们对此却已习以为常,基本忘记了教育本来是融合育人的事实。如一个教研员吐槽,他听了一节语文课,上课老师为了凸显学科育人,结果用力过猛,上成了思想品德课,而不是语文课。有的学校为了探索跨学科教学,在遇到需要多门学科解决的综合问题时,就请各学科老师来分别讲授相应的内容,如数学问题就请数学老师讲,化学问题就请化学老师讲,以为这样就是跨学科教学了。这是实践中的真实事例。从宏观层面看,"五育融合"理应是融合进行,但现状是疏德、偏智、弱体、抑美、缺劳,且各育之间彼此分离、相互割裂、互不相关。素养培育理应是融合实施,但现实是重知识点、应试技巧,忽视知识逻辑与知识价值,忽视结构化、系统化知识,忽视用中学、做中学、创中学,忽视学科间及学科与生活间的联系等。

造成这一现象的主要症结可能在于:一是没有把教育当作育人的工作,而是育分的手段,如此,学生充其量只是知识的容器,只要把知识掰开了往里填即可;二是由此带来了原子式、分子式思维,往往割裂式、碎片化地看待教育现象。如在教育改革中,有种情况是强调什么就加什么,而不是从事物本身的体系与机理层面去思考,以致层层加码,大家苦不堪言。

教育本身并不是割裂式、碎片化的,而是在人为的干扰下出现了异化,因此今天呼唤"走向融合",本质上是"回归融合"。

要回归融合,首先要把教育当作育人的事业,人是教育的出发点与归宿点。

人的成长并非简单的线性发展，而是多元的非线性发展。人的成长必然受到包括其自身因素在内的多种因素影响，而教育只是其中的一部分。同时，教育本身又具有丰富的内涵，包含诸多要素。当教育与人的发展相连接，自然是多种因素的相互纠缠。因此，教育是一种复杂的社会现象，必须具备复杂思维。正因为人是各要素相互关联和相互作用的有机体，教育系统内外各要素也一定是相互关联、相互作用的。由此看来，一方面，不要片面地看待教育，而是要综合、全面地发挥教育的作用与功能，把被遮蔽的教育功能显现出来；另一方面，不要割裂地看待教育系统内外的各种因素，将其简单叠加，而要看到它们之间的联系与相互作用，强调系统设计、整体效应，所以要有系统思维、整体思维。

其次要树立平衡的理念。现代健康理念特别强调平衡膳食，一方面要保证合理营养，满足生理功能和生长发育的需要；另一方面要科学搭配食物，每日膳食中选用的品种要达到五大类、十八种以上，且按要求分配到一日三餐中，从而促进健康发展。人的物质食粮如此，精神食粮同样如此，既要适量，也要平衡，不片面地强调某些方面，忽视另外一些方面。因此，要重视德智体美劳全面发展，不能只是考什么就教什么；要重视知识与能力、过程与方法、情感态度价值观，符号性知识、逻辑性知识与价值性知识的融合发展，不能只重视纸笔试卷易检测的浅层次知识与技能的培育，而忽视于学生终身有益的高阶思维、创新精神与实践能力、情感态度价值观的培育。同时，平衡的理念，也意味着不是齐头并进、平均用力，而是要因人而异、因时而异、因地而异，倡导适合的才是最好的。

最后要有融合的策略。融合是指不同事物之间通过交叉与渗透，逐渐生成新事物和新品质的过程。如"五育融合"，是德智体美劳五个领域之间界限的破除，素养培育是知识、能力与价值之间的融合，你中有我、我中有你、相互交融，形成新的育人方式，培养全面而有个性发展的人。上文讲到，教育本来是融合育人的事业，但由于人为的干扰，形成了片面割裂的状态，对此，这里阐述的融合策略意在弥合裂隙,恢复教育的本来面貌。具体而言,大概有以下三种。

第一种是从综合走向融合。这一策略大概是针对综合式、整合式教育的。这种教育已经认识到教育是一种综合的社会现象,相关因素都应引起重视,但对各因素之间的关系、联系理解不足,仍然是用原子式、分子式的方式处理教育工作,所以要用融合的策略来加以优化。一般而言,从综合到融合有三种形态:一是综合,能将多个独立的元素或部分结合在一起,但这些部分仍然保持各自的独立性;二是整合,能将多个独立的事物有序地组合在一起,形成一个整体,各个部分之间保持相对独立;三是融合,能将多个元素合成一个整体,相互之间不再有明确的边界,各部分失去了原有的独立性。如前文所述的跨学科教学案例,如果只是几位老师简单地把几门学科的知识讲一讲,这就是拼凑。但如果以某一任务、概念或问题为主线,将各门学科知识、技能的学习自然地融入问题的发现、分析与解决过程,就是一种融合的策略。

第二种是从增加走向融合。这一策略大概是针对"+"一类教育的。这一类教育意识到了当前教育领域中的缺失,然后想办法增加,弥补缺失,但是由于缺乏系统思考与整体设计,往往是简单地做加法,缺少衔接与拟合,难以形成体系与整体,所以有必要使用融合策略。如针对疏德、偏智、弱体、抑美、缺劳的教育痼疾,有的学校从办学理念、育人目标出发,构建起德育、智育、体育、美育、劳育课程体系,系统地改变育人方式,而不是缺啥补啥地零敲碎打,从而产生融合育人的整体效果。

第三种是去蔽归真。这一策略是针对"双基"教学或单一教育的。这些教育本身也十分重要,是素养培育的基础,是育人的重要组成部分,但问题是这种教育把"双基"看成了全部,把单一教育孤立起来,忽视了"双基"的育人价值和教育的综合功能,所以必须从融合的角度重新审视。如有的学校从融合的角度考虑"以艺育德、以艺启智、以艺培能、以艺促美、以艺养心"的教育体系。再如在一堂关于

"不同类型政府的优势与劣势"的课上,教师带学生做了一个"搭纸塔"的游戏。游戏分成四组:第一组,决策由小组内长得最高的人做出;第二组,决策必须通过半数以上组员同意;第三组,决策由两名最年长的学生做出;第四组,决策须由全体组员一致通过。这就不仅完成了"基础知识"的学习,也让学生体验到了"科学精神""学会学习""实践创新"等更深层、更丰富的核心素养的学习。

融合育人不只是一种理念,更是一种实践,它具体地体现在教育的各层面与各环节,因此本次"黄浦杯"长三角城市群教育科研征文活动把选材范围确定为五个方面:

一是"五育融合"的课程体系建设。为了落实立德树人根本任务,围绕学生全面发展、素养提升,区域或学校探索德育、智育、体育、美育、劳动教育"五育融合"的课程体系及推进机制,不仅是"五育并举",而且处理好了"五育"之间的关系,使之成为一体化的育人体系。

二是高质量实施国家课程。根据"五育融合"、素养培育的要求,探索国家课程校本化实施方案,在学校课程方案研制、校本课程建设等方面形成典型案例与有效做法。

三是课堂教学变革。探索核心素养目标的转化落实、学科实践、单元教学、跨学科主题学习,超越"双基"教学,体现学科育人价值,形成素养导向的课堂样态,体现课堂育人、学科育人。

四是教育评价改革。围绕核心素养和"五育融合",探索区域教育质量监测、督导评估和学校教育教学评价改革,包括作业设计、命题设计、改进结果性评价、强化综合性评价、优化过程性评价、探索增值性评价、推进表现性评价等方面,并提供可借鉴的案例与经验。

五是学校治理变革。激发办学活力和家长、社会参与教育的积极性,开展区域教育行政和学校内部管理的体制机制改革,形成学校、家庭和社会协同育人机制,发现并总结有效的治理样例,创建良好的育人生态。

2019年国务院印发的《中国教育现代化2035》中,明确提出"促进德育、智育、体育、美育和劳动教育有机融合"的要求,并阐明了"五育融合"与全面发展、素质教育的关系,以及其对培育担当民族复兴大任的时代新人的意义。党的二十届三中全会再次明确了到2035年建成教育强国的奋斗目标。而教育强国建设是一项复杂的系统工程,需要我们紧紧围绕立德树人这个根本任务,着眼于培养德智体美劳全面发展的社会主义建设者和接班人,系统处理好各方面关系。走向融合仍任重道远,需要有志者不懈探索。

汤林春
《上海教育科研》杂志主编

第一章

课程融合：生成新样态

如何理解"五育融合"的内涵及其特性?

第一,"五育融合"是一种"育人假设"。它预设人的成长发展,不仅是"全面发展",更是"融合发展"。

第二,"五育融合"是一种"育人实践"。"五育融合"是在"五育并举"的前提下提出的。"五育并举"强调的是"德智体美劳"都"缺一不可",是对教育的整体性或完整性的倡导,"五育融合"则着重于实践方式或落实方式,致力于在贯通融合中实现"五育并举"。

第三,"五育融合"是一种"育人理念"。如果只是将"五育融合"作为一种实践方式、路径或策略来看待,依然低估了它的特殊价值。

第四,"五育融合"是一种"育人思维"。在根本上,它是一种系统思维,包含了"有机关联式思维""整体融通式思维""综合渗透式思维"等。

第五,"五育融合"是一种"育人能力"。这种能力,在学生那里意味着一种全新的"学习能力";在教师那里,要有"五育融合"的"教学新基本功";在校长那里,需要具备的是"五育融合"的"管理新基本功"。

(《"五育融合"与新时代"教育新体系"的构建》,李政涛、文娟,《中国电化教育》2020年03期)

1. 从"课堂"走向"生活":跨学科课程"五位一体"融合建构

众所周知,高中阶段是学生成长的拔节孕穗期。当前,尽管一些中小学教育工作者已关注到法治教育、道德教育、生命教育、安全教育等方面的相关问题,但大都局限在思政、历史等文科课程与社科领域,且教育内容往往较为分散,同时教学方式传统单一。此外,还存在"重文本、轻过程"[1]、学生缺乏深度参与、缺乏课程依托[2]等问题。因此,要对症下药,提出解决问题的方案,开辟符合时代要求和学生成长需要的教育路径,以促使学生增强证据意识,提高安防素养,培养法治精神。

我校将上海市"双新"项目"面向'真实世界',构建'五位一体'高中生跨学科课程实践路径的研究"作为课程教学改革的突破口,基于"法庭科学"体系,以"面向'真实世界'"为立足点,以"'科学·社会·人文'跨界融合育人"为桥梁,培养高中生法律法规实践能力、科学鉴证探究能力、生命价值感知能力、安全防护应急能力和道德行为养成能力,积极探索符合新时代青少年健康成长需求的跨学科教育范式及实践路径,以弥补当前国内相关教育领域的不足。

一、提出"五位一体"行动方案:破解"法治教育"跨界融合的育人难题

法庭科学(Forensic Science,也被译作"法证科学"),是立足生活真实情境,运用自然科学和社会科学的原理和方法,研究查明事件的法律性质,利用科学技术手段与方法发现犯罪、揭露犯罪、证实犯罪及预防犯罪的综合性应用学科。该学科本身是一门涵盖多学科知识的新兴跨学科实践体系。如果在中小学阶段以其为载体,让学生通过一个个真实情境案例开展学习,获得一系列情境化体验,则可对社会生活进行合理而有趣的诠释,学习与真实世界密切联系的方法与能力。

本研究聚焦于将"法庭科学"与高中生法治精神、生命感知、安全防范、犯罪预防及相关法律法规实践等重要教育内容进行融合建构,提出并探索集"法治教育、科学教育、生命教育、安全教育、道德教育'五位一体'"的跨学科课程实践路径(见图1),引导学生亲身体验、探究实践,帮助学生在思考与探究中深入理解法庭科学家独特的思想方法,体验调查取证、分析思考、推理断案的全过程,感受法庭科学的精妙。同时,引领学生在法治精神、证据意识、安全防范、道德行为等方面获得有益经验,为学生的健康安全成长保驾护航。此外,还可为新时代上海市中小学跨学科创新教学模式提供新的理论依据和实践指导案例。

(一)从"课堂"走向"生活":整合——面向"真实世界"的教学内容

真实世界,亦被称为"真实情境",它指向社会实践,来源于日常生活、科学研究、生产实践。"真实世界"对于学生来说是真实可感的,其中所包含的问题是真实的问题,或是真实问题的衍生问题。这并不是说情境一定要源自生活中实际发

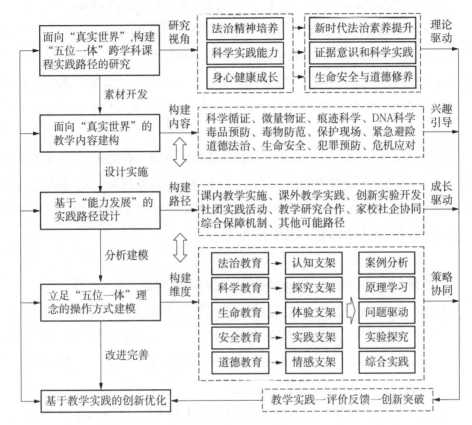

图1 "面向'真实世界',构建'五位一体'高中生跨学科课程实践路径的研究"行动框架

生的事件,而是要与学生经验相联系,能激发学生深入探究。

因此,在教学内容上选取了与学生能力素养密切相关的"法庭科学"实践主题及"法治教育"典型案例(如刑法、民法、经济法、合同法及司法鉴定等法学领域),并且对这些主题和案例进行生活化、实践化的改良和重构,引领学生融入"生活"议题,建立符合学生认知特点和满足生活实际需要的内容体系。

(二) 从"知识"走向"能力":综合——校园内外学生成长实践场域

当前,国家对中小学法治教育愈加重视。随着普法宣传和法治教育深入开展,学生的法治知识水平、意识和实践能力在一定程度上都得到了提升。然而,当前法治教育仍存在许多不容忽视的问题,如偏重知识教育,尤其缺乏跨学科性和贴合性,缺乏情景化设计[3],面向"真实世界"的法律实践能力和问题解决能力培养不足等。[4]

因此,要在"法庭科学"一系列跨学科法治教育主题中有机融入"法律法规实践""科学鉴证探究""生命价值感知""安全防范应急""道德行为养成"等方法和策略,开辟一系列能够助力学生能力成长的实践场域,引领学生融入社会场馆、街道社区、研究机构,探究真问题,锤炼真能力。

(三) 从"单一"走向"多元":统合——学生发展跨界成长育人智慧

虽然我国中小学法治教育在实施路径多元化方面取得了一定的成就,但还需针对"重文本、轻过程,学生学习主体地位不足,缺乏课程依托、缺乏科学评价"等问题,立足校情、学情,对症下药,提出问题的解决方案,开辟符合时代要求和学生成长需要的"多元化、融合式"的育人路径。

因此,学校充分调动校内、校外的各类资源,邀请不同学科教师同舟共济,从课堂教学实施、课外教学实践、创新实验室运行、社团实践活动、教学研究合作、家校社企协同、综合保障机制等多个方面,探究教学实践路径的有效性与可行性,共同寻求学生发展的方略和跨界成长的智慧。

(四) 从"孤立"走向"联动":融合——打造区域学科联动创新机制

法治教育是融入生活的持续不断的过程,思政教师在课堂上进行教学仅仅是认识和学习法律的一个主要途径。然而,时代发展的诉求要求各科教师都具有大思政的教学观念和实践能力,学校应以构建全员、全程、全课程育人格局的形式,引导各类课程与思想政治理论课同向同行,形成协同效应。

因此,以"跨界融合育人"为桥梁,通过共同构建与打造多学科教师相互协同的法治教育大课堂来培养学生的法律法规实践能力,是新时代的重要教学指向。学校积极创立校园内外跨学科教研联动团队,对实践研究中出现的问题及对策进行深度分析与探讨,实施评估与优化,以达到推广性好、示范性优的育人成效。

二、构建"五位一体"课程体系:汇聚"学生发展"跨界融合的育人智慧

学校课程团队研发的融合课程"法庭科学:让证据说话",面向高一、高二学生开设,旨在实现"五位一体"育人理念。根据高中生认知能力发展特点,采取"三阶段"递进结构安排课程与教学,具体包含:入门阶段——"牛刀小试篇"课程、晋级阶段——"鉴证先锋篇"课程和提升阶段——"跨界能手篇"课程。

(一) 课程宗旨

将"法治"带进校园、融入生活,以"问题"为引领,以"故事"为贯穿,希望能够帮助青少年在思考与探究中,深入理解法庭科学家们独特的思想方法,体验调查取证、分析思考、推理断案的全过程,感受法庭科学的精妙。同时,希望青少年能够在证据意识、安全防范、法治精神、科学探究等方面获得有益成长,养成遵守法律的自觉意识和良好的行为习惯。

(二) 课程内容

课程由一系列立足社会生活真实情境的跨学科主题构成,同时还特意准备了人身安全常识、安全防范要领、犯罪预防措施及相关法律法规等事关生命安全与

身心健康的重要教育内容,为青少年的健康安全成长保驾护航(见表1)。

表1 课程体系结构(教学主题及内容模块)

学习阶段	教学主题	内容模块
入门阶段 ("牛刀小试篇"课程)	痕迹证据	指纹"探秘"
		足迹"建功"
	沙场点兵	综合探究活动
	走,校外拓展去!	探访:上海市公安局刑侦总队
晋级阶段 ("鉴证先锋篇"课程)	微量物证	洛卡德物质交换原理
		毛发从哪儿来?
		瞧,纤维这家子!
		碎玻璃之"问"
		给塑料做个"体检"
		泥土里的秘密
		"花"粉:随风起舞
	沙场点兵	综合探究活动
	走,校外拓展去!	探访:华东政法大学
提升阶段 ("跨界能手篇"课程)	DNA证据	遗传代码知多少?
		现代鉴识领域的大咖
	血迹证据	血清学初探
		形态学调查
	毒品证据	不可思议的毒驾
		远离它:从新闻中研究毒品案件
	毒物证据	药物or毒物?
		远离它:从新闻中研究毒品案件

(续 表)

学习阶段	教学主题	内容模块
	昆虫证据	昆虫"线人"
		训练有素的法医昆虫学家
	文检证据	真"材"实料
		小笔迹·大不同
		爱"墨"能助
	沙场点兵	综合探究活动
	走,校外拓展去!	探访:上海市长宁区人民检察院
结业仪式	(1)成长交流;(2)荣誉授予	

1. 入门阶段——"牛刀小试篇"课程:体验"学科融合"

鉴于高一新生对本课程缺乏基础知识,入门阶段以"兴趣引领"为宗旨,选择与同学们日常生活密切相关、实践体验程度较高的"痕迹证据"作为指引。分别设置指纹"探秘"和足迹"建功"两个教学模块,配以综合探究和校外拓展活动,引导学生重点了解相关证据类型与细节特征,以及能够合理地使用与高中理科(物理、化学、生物等)课程学习相关的原理与方法,探究痕迹证据的显现和提取,探究它们如何在司法实践过程中闪现智慧和魅力。

2. 晋级阶段——"鉴证先锋篇"课程:体察"方法融合"

晋级阶段以"志趣发展"为宗旨,开展有助于学生知识储备、方法运用和能力发展的进阶课程。基于入门课程的修习,学生已经对法庭科学基础知识与方法有所了解与体验,此时则需要因势利导,巩固其学习兴趣和实践热情,进一步提升理论修习水平和科学鉴证水平。因此,本阶段选择"微量物证"作为教学主题,以"洛卡德物质交换原理"为科学理论支撑,承上启下地开展关于毛发、纤维、玻璃等身边常见物证的探究,深入体察法庭科学家们独特的思想方法和职业品格。

3. 提升阶段——"跨界能手篇"课程：体悟"素养融合"

提升阶段以"跨界成长"为宗旨，引导学生实现素养发展的"两个跨越"：(1)"科学社会人文"的跨界融合学习；(2)"不同学科之间"的跨界融合学习。法庭科学本身是一门涵盖多学科知识的新兴跨学科实践体系，因此，在本阶段选择DNA证据(生物学、遗传学、工程学)、血迹证据(生物学、血清学、物理学)、毒品证据(化学、药理学、心理学、社会学)、毒物证据(化学、药理学、植物学)、昆虫证据(昆虫学)、文检证据(材料学、色谱学、光学、心理学)等，作为学生跨界学习的主题，为学生学科核心素养发展和未来专业选择奠定基础。

综上所述，本课程基于"三阶段"递进结构安排内容与教学，以"法庭科学"学习为切入点，通过一个个真实情景案例，以及一系列情境化体验，在传播法庭科学知识、方法、原理的过程之中，呈现科学、法治、安全教育的融合实践，在固化和发展学生学习兴趣的同时，引导学生树立法治观念，强化科学思维，提高安防意识，开展科学探究和培养社会责任感。

三、从"融创"迈向"融通"，构建服务"学生成长"融合支撑体系

(一) 打造特色"学习空间"，为真实情境的问题解决提供实践平台

由上海市延安中学和华东政法大学刑事法学院联合创立的"上海青少年法庭科学教育中心"(下文简称中心)是本研究的重要实践成果之一。它以"五位一体"的跨学科科学与人文教育为宗旨，积极探索适合青少年身心发展的课程与教学模式，注重"学思结合""知行统一"的教育实践方法，积极适应社会环境发展对青少年综合实践能力提出的时代诉求，助力青少年"科学实践能力"与"法治实证精神"比翼齐飞。

1. 物理环境——打造："实验探究·教学研讨·成长体验"联合联动的空间布局

中心面积为 200 m^2。基于"实验探究·教学研讨·成长体验"联合联动的整

体教学理念,分为实验探究区、教学研讨区、成长体验区。

实验探究区:包括基础实验探究区和现代仪器探究区。基础实验探究区,主要进行随堂实验,以满足短周期室内探究需要,如可以开展理化生的基础实验。现代仪器探究区,主要进行现代鉴证科学实验,如红外、紫外光谱分析,DNA电泳及成像,电子显微和光学显微探查以及各类物质的鉴定与识别等。

教学研讨区:包括可拼接的教学桌椅、微型讲台及现代化投影与音响设备等。

成长体验区:用于室内外现场的模拟,包括侦查路线、寻踪墙、展示墙、探索墙等。

2. 内涵特征——实现:探秘"蛛丝马迹",闪耀"法证智慧"的育人价值追求

中心积极营造以"法庭科学"为基石,以"证据发现"为精髓,以"法治精神"为追求,随时展现科学锋芒,随处闪现求证智慧的育人环境与氛围。著名华裔神探李昌钰博士专门为中心题词:探秘"蛛丝马迹",闪耀"法证智慧",以此来大力支持中心"学习空间"的建设,激励青少年学以致用、融会贯通,为他们身心健康、全面发展给予引领与关怀。

3. 功能优势——构建:"法治·科学·生命·安全·道德'五位一体'"创新教学模式

中心提出"'五位一体'法治教育实践",即以"法治教育"为核心,以"法庭科学"为载体,在"法治教育"中有机融入"科学教育""生命教育""安全教育""道德教育"主题内容,构建"五位一体"的育人维度。在法庭科学一系列跨学科法治教育主题中有机融入"法律法规实践""科学鉴证探究""生命价值感知""安全防范应急""道德行为养成"等方法、策略及育人维度统合机制,为青少年健康安全成长保驾护航。

(二) 开发跨界"数字社区",实现优质教育资源的区域共建共享

当今,教育正面临着巨大变化和变革,教育信息化浪潮势不可挡,像翻转课

堂、即时学习、移动学习的出现,提升了信息技术与学科融合的水平。

长宁区作为上海市首个教育数字化转型实验区,基于"一座统管"的设计目标,力求促使长宁教育数字基座实现全区教育人员、数据、应用、软硬件资源的智联、数联、物联,从而构建全面覆盖区域教育的数字信息网,努力打造"标准＋个性"的教育生态圈,绘就长宁"活力"教育蓝图。因此,基于长宁教育数字基座,以"上海市延安中学特色跨学科拓展课程——'法庭科学:让证据说话'"为例,开展面向真实世界问题解决的移动学习平台建设,推进线上线下融合式教学实践,打造区域内"互联、互通、共建、共享"、面向真实世界问题解决的特色"移动教学"平台,实现高中"创新""拓展"优质教育资源的优化配置、区域共享,加强优质师资的区域协同,推动学生基于真实问题的跨校学习、交流与合作,助推双新改革背景下高中生真实情境问题解决能力的提升,对探索新时代青少年创新人才培养发展路径具有创新价值与实践意义。

课题组与长宁区教育学院信息中心技术团队紧密协作,邀请技术团队参与课题研究过程,通过优秀案例、教学设计、信息选择、教学测试和迭代优化等流程,将"教学资源"与"移动平台"进行有机嵌入与对接,实现学习、问答、互动、评价与反馈功能在问题解决过程中的智慧化辅助教学应用,为学生在"创新"与"拓展"两个维度的学习,提供认知、探究、体验、评估与发展支架。在本案例中,"跨学科在线自主学习社区"网页界面构建了以下学习板块,包括:(1)人物风采;(2)课程示范;(3)实践广场;(4)问学于书;(5)思想空间;(6)基础测评;(7)成长果实。

这些探索实践,为长宁教育数字基座及移动教学平台建设提供了新思路、新方法。结合实际教学案例和应用,提炼"移动端"在教学资源设计、教学应用中的方式、方法和研究突破之处,丰富线上线下相结合的混合式教育教学方法,为其他学科的"移动端"建设与应用提供相关建议与经验。

(三) 创设区域"工作机制",构建一体化教学发展服务支撑体系

1. 纳入学校发展规划重点工作,建立跨学科迭代升级的"领导机制"

学校将"双新"改革纳入学校发展重点规划,成立"双新"项目推进工作领导组,以校长为组长,分管校长为副组长,不同学科骨干教师为组员,负责项目决策、经费保障和宏观管理;定期召开项目会议,收集需求,组织活动;定期聘请教育专家进行项目指导;确保规划实施有组织、有计划、有实效。

2. 打通和激活跨组教研活动,构建学科之间联动共商的"协同机制"

传统的组内教研方式,由于单一学科的教师群体座位相对集中,较容易开展实施。而不同学科的教师群体,受到时间和空间难于聚焦等因素限制,常常难以集中开展教研活动。因此,在项目实施过程中,课题组积极搭建平台并采用网络教研、午间教研、周末教研、即时教研等方式,有效打破时空限制,构建机动高效的"协同机制",为每一位教师及时破解跨学科难题提供了有力保障。

3. 统筹开发数字资源,构建数字社区与课程教学相互作用的"融合机制"

推进长宁教育数字基座在线社区建设与教学深度融合,通过线上线下教学平台相互联动,探索课前、课中、课后及课外融合式教学。每一位学科教师会将自身教学课件与实践活动方案共享于基座端,来自不同学科的教师则可根据自身的教学需求,选择并参考其他学科教师的特色案例或素材,重构自己的跨学科教学方案。因此,充分利用在线社区,形成与课程教学相互作用的"融合机制"。

4. 搭建学科之间的联合培育指导平台,夯实因材施教的"服务机制"

课题组内每一位教师皆最大化地发挥自身的教学特色。第一指导教师不断推进与深化关于学生项目化学习、综合实践活动的指导工作,对自己负责的学生群体开展教学指导。同时,围绕不同的跨学科主题或话题,课题组其他教师则可随时根据教学需要成为学生的第二或第三指导教师,对学生的实践项目进行联合指导和培养,充分满足每一位学生的跨学科学习与成长需要。

5. 联合高校、院所、街道、社区，构建高效项目实施的"合作机制"

在"双新"项目实施过程中，随着工作不断深化，学校先后邀请华东政法大学、华东师范大学、上海市阳光社区青少年事务中心等多所机构联合共建，以"跨界融合育人"为桥梁，共同构建与打造"高校、院所、街道、社区"相互协作的育人大课堂，培养学生的法律法规实践能力、科学鉴证探究能力、生命价值感知能力、安全防护应急能力和道德行为养成能力。目前已形成一套行之有效的合作机制。

四、共识与共创：指向跨学科融合育人的教学实践成效

上海市延安中学是上海市首批实验性示范性高中，学生整体素质高、思想积极活跃，他们乐于在实践中去检验理论，更愿意去探索"看见的世界"。本研究立足上海市延安中学培养具有"中华传统美德"和"现代文明"相融合的高素质的"延安人"的立德树人总体育人目标，本着"知情意行相互统一、学科相互交叉融合、科学人文多元选择、挑战高阶能力水平"的教学实践思路，引领学生深度学习、创新实践、卓越发展，并取得了一系列生动的课程开发与实践成果。

（一）主要成效

1. 融合的理念：基于"五位一体"的育人理念，成为"教学团队的共识"

本研究倡导"法治·科学·生命·安全·道德"相统一的育人理念，注重融合并收集富有自然、社会、人文特色的教育素材与资源，引领学生为"平安中国"建设贡献自己的才智。目前，课程已形成了50余种富有社会价值与成长意义的综合实践活动，提供了充足的实践体验素材。例如，从设计"女性朋友人身安全防范指南"活动、"社区安防倡议"行动，到"人身安全危机应对"体验，再到"慧眼识'毒'""现场保护"等一系列教学实践，让学生在参与面向真实情境的深度体验中，具备

"避免与预防相关案件发生"的种种能力。与此同时,学生在实践中,具备了肩负社会责任、服务民生的情怀与担当。

2. 融合的实践:基于"跨界探究"的学习指向,成为"教学实践的支点"

本研究强调"跨界探索,综合思维"的教育实践,构建科学教育、法治教育、安全教育的"纵贯线",引领学生开展项目学习,培养高阶思维和深度学习。课程为学生提供了30余种贴近生活的项目学习案例。例如,社区是进行毒品预防教育的重要阵地,通过群防群治,构建良好的社会风气,带领小区居民共同参与抵御毒品侵害和毒品预防的工作,帮助学生深入了解当前的戒毒工作开展情况,调查社区戒毒工作的特点、难点和突破点。此外,基于环境保护法开展的"社区湿垃圾异味探究及处理建议"、基于交通安全法的"外卖小哥电动自行车骑行安全隐患及建议"等一系列特色项目实践成为学生成长的重要支点。

3. 融合的发展:基于"综合能力"的实践收获,成为"教学成果的亮点"

自研究启动以来,学校立足于"提升每一位学生的跨学科素养"的价值追求,跨界融合、协同创新,形成了科创教育发展新格局。一方面,教学团队积极协助参与学生成功孵化创新研究课题成果30项,其中摘获上海市青少年"明日科技之星"2项、上海市青少年科技创新大赛一等奖10项,助力学生实现以社会发展为己任的求学担当;成立"趣探·青少年法庭科学社",共计发展300余位优秀社员,并带领他们积极融入社会生活的问题解决过程。另一方面,社团培养了3批30位青年领袖,在各种活动与实践任务中锻炼了他们卓越的领导力。

同时,学校以项目研究为载体,成立了由12位不同学科教师组成的跨学科教学团队,开展联合教研,并在长宁教育数字基座中开辟线上线下教学专区与专栏,有效地带动了教师队伍跨学科教学育人能力的综合提升。

综上所述,本研究的长期实践和探索进一步提高了校园文化软实力,有效提升了学生参与跨学科实践的参与度和满意度,积极构建起了时代感强、氛围浓郁、教学实践功能完备的跨学科育人文化支撑体系,引领学生探索体验、创新成长。

(二) 反思展望

1. 为高中学段学科间"融合创生",提供新的理性认识和操作经验

通过研究,为高中跨学科育人实践、学科间融合创生提供新的理性认识和教育资源建设操作经验,形成了具有一定普适性的基本观点和主要经验。

2. 为高中跨学科课程"融合开发",提供新的设计范式和方式方法

通过探索,结合实际教学案例和应用,提炼教学资源设计与教学应用中的方式、方法和研究突破点,为其他学科的育人实践与应用提供相关建议与经验。

3. 未来,致力于线上线下"融合教学"转型升级,彰显育人合力

在未来,计划在合理利用与优化现有教学资源的基础上,结合移动平台教学特点,优化配置,高效、低成本地向智慧化方向转型升级,提高教学资源的利用价值,深入研究移动平台的相关数据,展现线上线下融合育人的实践意义。

参考文献

[1] 王琦,戴正.法治教育纳入国民教育体系的实现路径探析[J].法制博览,2017(5):141-142.

[2] 贾静.中小学法治教育的实施路径及存在的问题[J].河南教育学院学报(哲学社会科学版),2015,34(5):53-55.

[3] 雷槟硕.中小学法治教育实践:难点、成因与突破——以上海市六所中小学法治教育实践探索为例[J].青少年犯罪问题,2020(5):22-30.

[4] 王守琼.我国中小学法治教育的限制因素及突破路径[J].教育评论,2018(9):145-148.

李法瑞　上海市延安中学　化学、跨学科教学教师　教龄12年

2. 科学与人文在"水墨与宣纸"教学中的融合
——跨学科校本选修课程的设计与实施

社会主义现代化建设呼唤具备综合素质的创新型人才,2019年国务院办公厅发布了《关于新时代推进普通高中育人方式改革的指导意见》,在"强化综合素质培养"中提出要引导学生"提升人文素养和科学素养",在"深化课堂教学改革"中提出要"积极探索基于情境、问题导向的互动式、启发式、探究式、体验式等课堂教学,注重加强课题研究、项目设计、研究性学习等跨学科综合性教学",跨学科教学成为育人方式改革的重要内容。2020年教育部修订的《普通高中课程方案》要求"课程内容紧密联系学生生活经验","创设与生活关联的、任务导向的真实情境"[1],源于生活的真实情境通常不局限于单一学科,跨学科教学是新课程改革的内在需要。2023年教育部等十八部门联合印发的《关于加强新时代中小学科学教育工作的意见》进一步明确,"探索项目式、跨学科学习,提升学生解决问题能力","落实跨学科主题学习原则上应不少于10%的教学要求"。以上政策文件的出台均回应了新时代人才培养的需要,使跨学科教学近年来愈发受到一线教师的重视。跨学科教学旨在打破学科之间的壁垒,引导学生从不同的角度和领域来理解世界。如何落实好跨学科教学,达成提升学生科学与人文素养的目标,是需要在教学实践中探索的重要课题。

"水的力量"是我校开设的跨学科选修课程,授课对象是高一、高二的部分学生,授课教师多达7人,来自物理、化学、地理、语文等多个教研组。课程大主题聚焦在"水"这个生活中最常见又极深刻的物质或意象上,老师们依据学科专业所长"各显神通",通过亲疏水材料、优良溶剂、无土栽培、天气过程、诸子喻水等具体主题,引领学生从跨学科的丰富视角来理解和感悟"水"这种有力量的伟大存在。作为一名化学教师,我承担了"水的力量"系列课程第六讲"水墨与宣纸:行于纸面,力透千秋"。该课程为2学时,在"水墨与宣纸"主题之下,通过"宣纸的制作与选择""宣纸亲疏水性的原理探究""最理想的熟宣"三个层层推进的课堂环节,在人文视角与科学视角的展开、融入与对话中,实现科学与人文的双层次融合,着力提升学生的科学素养和人文素养。本课程收获了良好的成效,在课程结束时,有学生给予这样的反馈:"当工匠精神与水的力量相结合、传统文化与理科知识相融合时,课堂也变得更为有趣、更富有意义。"

本文将对"水墨与宣纸"课程的设计与实施进行阐释,以期对跨学科教学探索有所参考和启发。文章从三个部分展开:第一部分讲述如何基于学情分析形成科学与人文融合的理念,设计课程的具体主题;第二部分叙述课程内容的设计与实施,展现如何构建课程的"骨架"与"血肉";第三部分是总结与反思。

一、生发于科学与人文融合理念的跨学科课程主题设计

跨学科课程的主题应当源于真实情境,与学生生活经验紧密联系,即与

"我"——作为课堂主体的学生——有内在本质的关联。这要求教师不仅具备宽广的知识面、丰富的生命体验,以提供跨学科的视角,更要做扎实的学情分析,避免"自说自话"。只有充分了解学生的生活经验、学识基础,才能设计出适当的主题。基于学情分析,我形成了科学与人文融合的理念,进而设计了"水墨与宣纸"的课程主题。

(一) 破而后立:形成科学与人文融合的理念

在"水的力量"大主题之下,具体的跨学科课程主题应如何确定?基于个人研究背景,我首先从最熟悉的结构化学领域出发,欲以"最小的水滴"为课程主题。"水的结构是什么",是《科学》杂志提出的最具挑战性的125个科学问题之一。2020年,清华大学的研究团队在由五个水分子组成的水团簇中发现了三维结构的存在,证明最小的水滴由五个水分子构成。[2] 该主题兼具基础性与前沿性,涉及物理、化学、计算机等多学科,能够拓宽学生视野,同时中国科学家在该领域的成就也能激发学生的爱国心。

但"最小的水滴"真是恰当的课程主题吗?通过学情分析,我得到了否定的答案。一方面,相关领域的研究专业性很强,高中生基于自身学识即便"跳一跳"也够不着,结果容易导致教学陷入单方面的"自说自话"。另一方面,"最小的水滴"是基础的理论性研究,与学生的生活经验相隔甚远。在该课题研究中,"水"是外在且异质于"我"的客体,当采用谱学技术、量化计算等"手术刀式"的精巧工具来"解剖"作为外在研究对象的"水"时,所得出的关于"水"的科学结论也必然外在且异质于"我"。但真正的、现实的水无法与"我"分离,而与"我"的生活经验、生命体验紧紧相依,水的力量正源于此。因此,我舍弃了"最小的水滴"这一选题。

这段"弯路"具有拨云见日的意义,指引我进一步思索:基于学情的跨学科课程主题,应遵循何种理念?与学生生活经验、生命体验相联系的"水"不仅具有科学性,而且具有一定的人文性。唯有设计兼具科学性与人文性的课程主题,既充分展现科学的魅力,也为人文体验留有充足空间,才能引领学生理解和感悟"水"这种具有力量的伟大存在,提升科学与人文素养,达成跨学科主题教学的目的。破而后立,科学与人文融合的理念由此形成。

(二) 落地生根:确定"水墨与宣纸"的课程主题

什么课程主题才能让科学与人文融合的理念落地生根?2020 年修订的《普通高中课程方案》提出要在课程内容中有机融入中华优秀传统文化。[3] 2021 年教育部印发的《中华优秀传统文化进中小学课程教材指南》进一步提出,四大发明等古代科技成就、书法等技能艺术都是反映中华优秀传统文化的主要载体形式。造纸术是中国古代四大发明之一,宣纸被誉为"纸中之王",而书法课是如今中小学生的必修课,"水墨与宣纸"与学生生活经验紧密相关,于是我在其中找到了选题的突破口:生宣和熟宣的润墨性有差异,在书画创作中有不同应用,传统工艺采用胶矾水改造润墨性,宣纸润墨性及胶矾水改性的背后是微观结构层面的科学原理,这是科学性的体现;作为中华民族的伟大创造,宣纸凝聚了中华人文精神、传统美德和审美追求,这是人文性的体现。由此,"水墨与宣纸"兼具科学性与人文性,既是中华优秀传统文化教育的优良载体,也是科学教育的优良载体。

基于学情分析以及科学与人文融合的理念,我确定了"水墨与宣纸"的课程主题,期望引领学生从跨学科的视角感悟和理解"水墨与宣纸",提升人文素养与科学素养。

二、课程内容设计与实施中科学与人文的实质性融合

跨学科主题教学要求准确把握共同主题下不同学科领域的内在关联,并通过

适当的课程内容设计,引领学生在课堂学习中感悟各学科的融合,这种融合应是有机的、实质性的,不能浮于表面,要避免教学内容的拼盘化、教学形式的杂糅化等实践误区。[4]

在"水墨与宣纸"主题下,如何通过课程内容的设计与实施,实现科学与人文的实质性融合?这首先要求课程内容贯彻一条清晰的思路,以展开该主题下科学与人文的关系,即有清晰的"骨架";进而要求在该思路引领下,通过扎实的问题引导、素材组织与活动设计,引领学生切实从跨学科视角理解和感悟科学与人文的有机融合,即有丰满的"血肉"。以下将叙述在"水墨与宣纸"课程中如何构建"骨架"与"血肉",真正实现科学与人文的实质性融合。

(一)"骨架"的构建:"水墨与宣纸"主题下科学与人文的关系

科学与人文为理解和感悟"水墨与宣纸"主题提供了不同视角,而跨学科教学"融合"的难点就在于要避免两者无原则的任意组合,学生面对不同视角时也容易陷入厚此薄彼或东拼西凑的误区。解决这些问题,就要求在构建课程的"骨架"即思路时,首先厘清科学与人文两种视角各自的出发点、逻辑和价值。通过基于学情分析的科学与人文关系的梳理,构建了科学与人文双层次融合的课程思路,让两种视角各得其所、相得益彰,促进实质性的融合。

1. 第一层融合:人文感悟基础上科学理解的"顺应式融入"

"水墨与宣纸"根植于中国文化传统,本然地具备人文性而非科学性,在中国传统语境中引入自然科学的因素,是近代以来的事情。"人文性先于科学性"也符合学生对该主题的经验性认识:由"水墨与宣纸"容易联想到美术、语文、历史等人文学科,却很难直接关联到物理、化学、材料学等自然科学。

课程思路应首先对接历史逻辑和学生的经验性认识,故先采取"顺应式融入",初探科学与人文的融合,即以人文视角切入并充分展开,引导学生感悟宣纸是中华民族的伟大创造,进而将科学视角融入,引导学生探究宣纸宏观亲疏水性背后的微观结构原理。在人文感悟的基础上收获科学的理解,这是科学与人文融合的第一层体现。

2. 第二层融合:在科学与人文的对话中"各美其美,美人之美"

科学的理解并非万能,在日常的学科学习中,学生容易形成文科、理科分离对立的印象,厚此薄彼,甚至可能养成"唯科学主义"的片面观念。[5]对部分学生而言,从科学视角对宣纸亲疏水性作出的有力解释,反而容易遮蔽人文视角的价值,造成科学与人文的第一层融合走向其反面。

走向融合不是一蹴而就的,如何巩固第一层融合成果,进而通向更高层次的融合呢?课程思路由此又延伸出一个环节:让科学与人文在实践中对话,引导学生进一步感悟科学视角与人文视角的价值与限度,做到"各美其美,美人之美",尝试走向"美美与共"的有机融合,培养真正的跨学科思维。这是科学与人文融合的第二层体现。具体如图1所示。

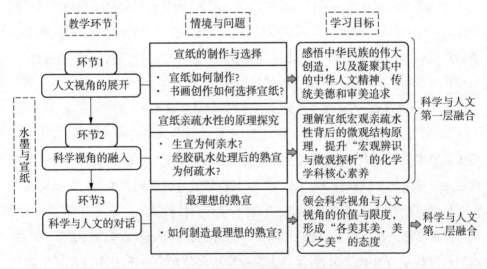

图1 "水墨与宣纸"课程整体思路与环节内容设计

(二)"血肉"的构建:科学与人文融合的具体环节落实

科学与人文双层次融合的思路构建完成后,需要设计与其高度适应的具体课程环节,在问题引导、素材组织、活动设计上下功夫,从而将科学与人文的实质性融合落到实处。在课程思路的指引下,我设计了"宣纸的制作与选择""宣纸亲疏水性的原理探究""最理想的熟宣"三个层层推进的课堂教学环节,分别对应"人文视角的展开""科学视角的融入""科学与人文的对话"。前两个环节实现科学与人文的第一层融合,第三个环节实现第二层融合。各环节均以核心问题为统领,根据需要选取学习素材、设计体验活动。

1. 宣纸的制作与选择——人文视角的展开

课程第一环节以"宣纸如何制作""书画创作如何选择宣纸"等问题为统领,以人文视角切入,从历史、传统工艺、书画艺术等方面引导学生感悟宣纸是中华民族的伟大创造,以及凝聚其中的中华人文精神、传统美德和审美追求。

关于宣纸的制作,重点选取的素材包括孔丹造宣纸的传说和传统的宣纸制造工艺。孔丹造宣纸的传说所包含的尊师重道的伦理情感、精诚所至的坚定信念、不懈求索的生命实践,彰显了宣纸的人文价值;宣纸制造工艺有百余道工序,相关文献和视频资料让学生切实感受到其所承载的工匠精神。

关于书画创作的宣纸选择,首先通过课堂体验活动,让学生直观感受两种宣纸——生宣和熟宣——的润墨性差异,进而为学生展示齐白石、张大千以及教师本人的书画作品(见图2),说明生宣与熟宣因润墨性差异而在书画创作中的不同功用。

进展到此,学生已充分感悟了"水墨与宣纸"主题的人文内涵,同时自然地萌生疑问:生宣和熟宣的润墨性为何有差异?传统工艺采用胶矾水改造宣纸润墨性的原理是什么?从人文视角无法给出答案,从而顺理成章地引入科学视角。在孔丹造宣纸的故事中提到过,宣纸原料青檀树皮和沙田稻草的主要成分都是植物纤维,这为科学视角的融入作了铺垫。

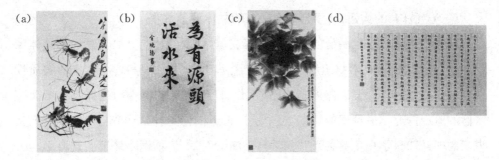

图2 (a)齐白石写意画,所用宣纸为生宣;(b)教师行书习作,所用宣纸为生宣;(c)张大千工笔画,所用宣纸为熟宣;(d)教师小楷习作,所用宣纸为熟宣

2. 宣纸亲疏水性的原理探究——科学视角的融入

课程第二环节以"生宣为何亲水""经胶矾水处理后的熟宣为何疏水"等问题为统领,以科学视角切入,引导学生理解宣纸表面宏观亲疏水性背后的微观结构原理,着力提升学生"宏观辨识与微观探析"的化学学科核心素养。[6]

首先请学生自主思考生宣具有亲水性的原因,基于已有知识和素养基础,学生容易从宣纸的微观结构(见图3)中找到可靠的答案:毛细管作用、亲水基团的氢键作用。

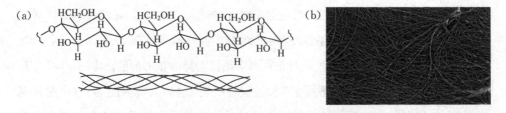

图3 (a)纤维素的结构;(b)纸张的纤维网状结构

进而引导学生探究经胶矾水处理后的熟宣疏水的原因。引入相关科研资料,以帮助学生突破这一具有挑战性的问题。我选取和展现了科研文献《胶矾处理纸

张具有防泅化作用的机理研究》[7]中几项易理解的实验设计和结果,引导学生自主理解,最终明白胶矾水正是通过改变宣纸表面的微观结构,使亲水表面改性为疏水表面(见图4)。通过学习文献资料,学生不仅能从微观结构变化角度理解宏观亲疏水性的变化,还对自然科学的研究方法有所了解。

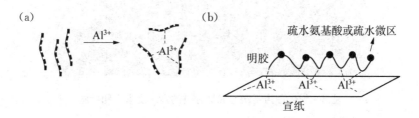

图4 (a)明矾 Al^{3+} 与明胶肽链的络合;(b)自然干燥过程中胶矾膜构象变化示意图[8]

科学视角的"顺应式融入"让传统工艺经验与现代科学原理联结起来,解决了学生自然萌生的但从人文视角所无法应对的问题。在人文感悟的基础上,科学理解提升和丰富了学生对"水墨与宣纸"主题的认识,科学与人文由此实现第一层融合。

3. 最理想的熟宣——科学与人文的对话

课程第三环节以"如何制造最理想的熟宣"问题为统领,通过实践过程中科学与人文的对话,引导学生进一步领会科学视角与人文视角的价值与限度(见图5)。

"最理想的熟宣"是一个实践性问题,首先开展自制熟宣的课堂体验活动。通过实践体验,学生明确胶矾配比是制造熟宣的关键。进而有学生提出,通过精准调控胶矾配比,可以制得"最理想的熟宣"。该想法显然出于科学视角。通过科学视角,学生已经了解在用胶矾水改性宣纸的工艺背后,明胶与明矾在微观层面是如何各司其职又相互协作的。但将科学的逻辑贯彻到底,能否得到最理想的熟宣呢?答案是否定的。

图5　学生在用不同方式处理过的宣纸上书写和绘画

"什么是最理想的熟宣？"这并非科学问题，而须依据创作者个人的主观感觉和经验来回答。为了说明这一问题，我在课堂上引入了两段有关胶矾配比的素材，其一是《芥子园画传》的论述"夏日宜六胶四矾，冬日八胶二矾，秋日三矾七胶"，其二是一条广泛采用的经验"以舌尖试尝，胶大发粘，矾大涩舌，应发甜稍有涩感为宜"。当看到"以舌尖试尝"时，学生发出惊叹，因为他们深知实验试剂是不可"试尝"的。面对学生的疑虑，我又做了这样的比较："当我们走进实验室，用精确到小数点后第三位的电子天平称量1.000克食盐时，这是科学实验。而当我们走进厨房，在炒菜过程中放盐适量、放糖少许时，这是人文艺术。"

通过在实践情境中倾听科学与人文的对话，同学们对科学视角与人文视角的价值与限度有所感悟：在"水墨与宣纸"的共同主题下，如果说，对宣纸亲疏水性背后微观原理的科学解释展现了科学视角的价值与人文视角的限度，那么，艺术实践中凭感觉与经验调配胶矾比以制出"最理想的熟宣"反映了人文视角的价值与科学视角的限度。学生由此形成对两种视角"各美其美，美人之美"的态度，这便是科学与人文的第二层融合，也是真正形成跨学科思维、走向"美美与共"有机融合的基础。

三、总结与反思

作为跨学科校本选修课程"水的力量"中的组成部分,本课程基于学情分析形成了科学与人文融合的理念,设计了"水墨与宣纸"的主题。通过该主题下科学与人文关系的梳理,构建了科学与人文双层次融合的课程思路,通过"宣纸的制作与选择""宣纸亲疏水性的原理探究""最理想的熟宣"三个层层推进的课堂教学环节,在科学视角与人文视角的展开、融入与对话中,将科学与人文的双层次融合落到实处,促进学生形成跨学科思维,提升科学与人文素养。

以下对本课程设计与实施过程中的一些经验做法进行提炼总结,同时作反思展望,以期为跨学科主题课程的开发提供参考。

(一) 经验总结

1. 基于扎实学情分析创设适当的跨学科情境和主题

创设适当的跨学科情境和主题是跨学科主题教学的一个难点,并非所有涉及多学科知识的话题都适用。课程的主题设计、思路构建和内容组织必须基于扎实的学情分析,充分对接学生的生活经验和生命体验。

在本课程开发过程中,从舍弃"最小的水滴"选题,到形成科学与人文融合的理念而确定"水墨与宣纸"主题,再到构建课程思路时从人文视角展开后科学视角的"顺应式融入",均充分契合了学生的学识基础、生活经验和认识习惯,故而在实践中取得了良好的效果。

2. 领会不同学科视角的价值与限度促进跨学科有机融合

跨学科主题教学的另一难点是实现不同学科视角的有机融合,既要避免厚此薄彼,即单学科视角压倒一切,也要避免东拼西凑,即无原则的任意组合。课程情境是"一整台戏",应引导学生在情境探索中把握不同学科视角分饰的"角色",协作融合、取长补短,演好"一整台戏",从而领会不同学科视角的价值与限度。只有做到"各美其美,美人之美",才有走向"美美与共"有机融合的可能。

在本课程中,科学视角与人文视角就是两个共舞的"角色"。凭借"宣纸亲疏水性的原理探究"和"最理想的熟宣"这两个相互耦合的教学环节,搭建起科学与人文对话的平台,学生从中感悟到科学视角和人文视角各自的价值与限度,做到了"各美其美,美人之美",领会了跨学科融合的意义。

3. 开展实践体验活动助力学生形成跨学科融合思维

真实情境中的跨学科融合不是抽象、纯理论的,而应当是具体、有实践性的。设计和开展高质量的实践体验活动,能够充分发挥学生的主体性,有助于其自主形成跨学科融合思维。

在本课程中,学生利用宣纸进行书画创作,既在艺术审美体验中感悟"水墨与宣纸"的人文性,又在感知生宣、熟宣润墨性差异后自发提出科学性问题,科学与人文的第一层融合初见端倪。在自制熟宣过程中,学生切实感受到明胶与明矾的不同作用,进而探索"最理想的熟宣"的内涵,为感悟两种视角的价值与限度、实现科学与人文的第二层融合作了铺垫。

(二) 反思展望

本课程引导学生感悟"水墨与宣纸"主题下科学与人文的双层次融合,达成了两种视角"各美其美,美人之美"的融合水平,尽管这为走向"美美与共"的有机融合孕育了可能性,但尚存不足的是,这种可能性未成长为现实性。在"水墨与宣纸"主题下,科学与人文"美美与共"的有机融合究竟有怎样的内涵?凭借怎样的教学环节设计可以实现此种更高水平的融合?这些问题值得进一步探索。

在实践应用层面,尽管学生借助"水墨与宣纸"话题对科学与人文的跨学科融合有所领悟,但在后续实践中,学生能否自主应用跨学科融合思维认识事物、解决问题,尚缺乏充分的探索验证,有待后续跟踪观察和实证研究。

参考文献

[1] 中华人民共和国教育部.普通高中课程方案(2017年版2020年修订)[M].北京:人民教育出版社,2020:8,11.

[2] Zhang B, Yu Y, Zhang Y-Y, Jiang S, et al. Infrared spectroscopy of neutral water clusters at finite temperature: Evidence for a noncyclic pentamer [J]. Proceedings of the National Academy of Sciences of the United States of America, 2020, 117(27): 15423 - 15428.

[3] 中华人民共和国教育部.普通高中课程方案(2017年版2020年修订)[M].北京:人民教育出版社,2020:4.

[4] 田娟,孙振东.跨学科教学的误区及理性回归[J].中国教育学刊,2019(4):63 - 67.

[5] 高尚德.科学课程价值观类型及其对学生的影响[J].基础教育研究,2016(19):50 - 52.

[6] 中华人民共和国教育部.普通高中化学课程标准(2017年版2020年修订)[M].北京:人民教育出版社,2020:3.

[7][8] 苏凤宇.胶矾处理纸张具有防洇化作用的机理研究[D].西安:陕西师范大学,2017:Ⅰ-Ⅱ,37,60.

金晓阳　复旦大学附属中学　化学教师　教龄1年

3. "五域"融合：小主人行走课程的"完整"样态

幼儿教育相对划分为语言、科学、健康、艺术、社会五大领域，简称"五域"。[1]五大领域是看待幼儿发展的基本维度，要回到幼儿发展的本真状态，"五域"需有机融合发展。"五域"融合，不是教学内容的简单叠加，而是打破各个领域的间隔和壁垒，将五大领域活动进行有机融合、渗透、贯穿、协调、生成，促进幼儿大脑与身体、认知与情绪情感、健康与安全、艺术与审美、公民性与道德、社会性与个性的整体发展。[2]为了给孩子一个完整而全面的教育，需要构建以儿童为本的课程，推动理念边界、思维边界和方法边界的突破，从课程的设计与实践入手，通过系统性的教育创新，生成新的有机课程[3]，实现五个1相加大于5的"融合效应"。

我园地处城乡接合部，具有得天独厚的地理优势，乡村和城市资源兼而有之且蕴藏丰富。随着课程游戏化项目的开展，我园不断开放园内外活动场域，激活地域资源，进行地域园本课程开发实施研究。同时，我国已申报江苏省"十三五"规划课题"课程游戏化背景下传承地方特色文化的实践研究"，南通市"十二五"课题"家园共育提高幼儿生活自理能力研究"、"十三五"课题"园本课程游戏化实践促教师专业发展行动研究"等多项省市级课题并顺利结题。基于多年的地域课程实施研究,我园深入探寻适合儿童学习的"小主人行走课程"的自然样态。

"小主人"体现儿童本位教育观,"行走"意味着体验式学习,走向自然、生活、社会。"以整体的教育培养完整的儿童"是小主人行走课程的逻辑起点和根本之道。小主人行走课程设置多样化、综合化,将"五域"融合于捷行、美行、言行、品行、探行课程,开展了"金话筒""小步探秘""童趣武术""雷锋日""小小毕加索""护绿天使"等活动,涵盖了传统文化、品德陶冶、健身运动、田野种植、自主游戏、混龄之家等内容。丰富多彩的课程活动,将助力幼儿成为一个完整全面的个体。

小主人行走课程探寻"五域"融合视域下的课程实践模式,行走参与是"五域"融合的基本途径,行走问题是"五域"融合的教学工具,完整理念是"五域"融合的深度纽带,综合适应是"五域"融合的目标导向。我园聚焦课程目标方向关联性,建构课程内容主题丰富性,践行课程实施 PCK 育人性,尝试课程评价 CIPP 全面性,从目标、内容、实施、评价等方面进行全面构建,本质是全面、和谐、可持续生长,是走心走力的"完整"结合,探寻师生行走"完整"生长的样子。[4]

一、"五域"融合的小主人行走课程目标:聚焦方向关联性

(一) 儿童本位,厘定小主人行走课程的核心理念

小主人行走课程立足于"关注引导儿童需要,为幼儿持续学习与全面发展奠定早期素质基础"的宗旨,确立"教育从辨别儿童需要出发"的教育观,形成"儿童需要是合理的、儿童需要是发展的"的儿童观,实施"满足儿童需要,科学有序实施教育"的课程观,秉承"儿童探究世界,教师探究儿童"的思想观,走向"幼儿与自然、幼儿与生活、幼儿与社会"的内容观,以儿童为出发点,又以儿童成长为归宿,

遵从儿童本性,关注儿童主体地位,相信儿童是有能力的学习者,有效推进"小主人"在行走课程中深度学习,获得经验,全面成长。

在小主人行走课程中,儿童是课程的小主人,儿童和老师是行走课程的建构者,让课程真正成为孩子们自己的课程,成为孩子们喜欢的课程。儿童和园内外环境之间产生积极、持续的互动,行走中参与了地域资源开发的转化过程,让适宜的地域资源变成了课程资源。这样充满着快乐、情感温度和探究力度的行走,培养了幼儿社交、发现意识和创造能力等。这种完整的核心素养,是一起"走"出来的,是在地域的土壤里"长"出来的。

(二) 追本溯源,明确小主人行走课程的总目标、分目标

小主人行走课程以培养"完整"儿童为课程总目标,强调通过教育让儿童具备"捷行、美行、言行、品行、探行"特质。基于"五域"元素模型,课程目标研究梳理了内容要素内涵,确立了不同领域要素标准,捷行对应健康领域,美行对应艺术领域,言行对应语言领域,品行对应社会领域,探行对应科学领域,整合形成了要素学习整体框架(见图1)。课程目标以多育融合育人,走向全素养培育,促进儿童全面和谐发展。目标确保科学方向性、个性化、逻辑一致性,在横向上全面,在纵向上有序,涵盖指向"五域"的各经验范畴。

(三) 立足经验,溯源小主人行走课程的各年龄段目标

小主人行走课程明确课程目标维度,横向分解与纵向分解相结合,形成科学的小、中、大各年龄段目标。每一个年龄段目标在总目标、具体目标的指引下,结合不同主题活动、幼儿年龄特征和实际发展水平进行不断调整、细化和完善,使"完整"儿童"五行"目标实施更具操作性。例如,我园园内有种植园地,园外附近也有农田,便于幼儿开展种植活动。小班在开展行走课程"菜园大收获"过程中,

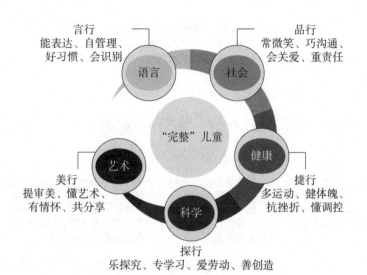

图 1　小主人行走课程"完整"儿童总目标图

在对本班幼儿"五域"核心经验进行梳理后,对标课程目标,从不同角度促进幼儿情感、能力、知识发展,全面落实"完整"儿童总目标的发展要求,达到全面育人的预期效果和意图(见图 2)。

二、"五域"融合的小主人行走课程内容:建构主题丰富性

(一) 全面发展,架构匹配目标的开放内容

小主人行走课程以目标为出发点,主题内容有效支撑目标达成,力求准确把握着眼点。课程内容有主题内容形,又有主题内容魂,达到丰富且平衡的状态。例如,在小班行走课程"河豚欲上时"中,采取直接对应课程目标的方法,师生走进中洋河豚庄园,开展"河豚大探秘""河豚取名记""我和河豚有个'约会'""河豚创

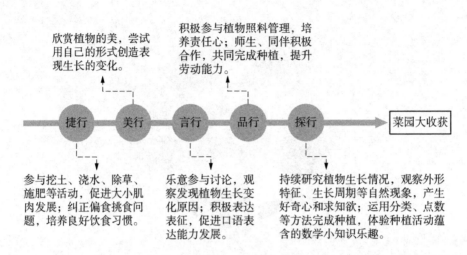

图 2 小班"菜园大收获"课程目标图

意画""河豚河豚快快跑""'生气'河豚"等活动,了解河豚的种类、习性等。教师引导幼儿积极交流表达,通过描述河豚外形特征、手工创意制作河豚作品、玩河豚历险记游戏、开展将白醋和苏打装进气球的科学小实验等不同主题活动,形成系列内容,达成课程目标。

小主人行走课程在主题的选择和设计上,从幼儿实际需求出发,小、中、大各年龄段有不同的价值取向与定位,但都将幼儿作为课程开发与实施的主体,既面向全体也考虑个体差异,内容灵活调整,"五域"要素渗透融合,是情感、知识、能力的全方位教育载体。

(二) 通盘考虑,梳理共通平衡的结构框架

小主人行走课程内容走向自然。例如,在中班行走课程"寻笋探秘"中,当春天到来时,园内竹林里的小竹笋也偷偷钻出地面,好奇的孩子们开启了自然大探

秘之旅。幼儿了解到四季特征、变化规律、季节与人类关系、天气天文现象、时间空间等,了解到植物组成结构与生长过程、条件和规律,了解到动物生活习性、生长和变化规律等。

小主人行走课程内容走向生活。例如,在大班行走课程"麦子熟了"中,幼儿参与收割、搓麦、玩麦秆等活动,积累了关于麦子的直接经验和感性认识。通过在真实生活中学习,观察生活、接触生活,教师将幼儿个体成长与生活实践紧密结合,引导幼儿融入生活,获取丰富经验,也激发幼儿爱家乡、爱祖国的情感,学习做人做事,增强责任感,提高生活实践创新能力。

小主人行走课程内容走向社会。行走意味着出发,除了园内,周边社区、稻田、工厂以及职业场所等都可作为行走基地。行走也意味着走出去、请进来。例如,在中班行走课程"一口非遗甜 一抹童年味"中,教师邀请非遗糖画传承人陈峰来园,引导幼儿感受非遗糖画魅力;在小班行走课程"亲亲一家人"中,教师开展"家庭式"混龄活动,打破班级局限,让幼儿有更多机会参加不同群体活动,促进幼儿交往、合作、互助,最大限度地支持和满足幼儿需要,促进其全面发展。具体如图 3 所示。

三、"五域"融合的小主人行走课程实施:践行 PCK 育人性

(一) 小主人行走——基于兴趣确定目的地

1. "五域"融合的行走话题,热火朝天[5]

"五域"融合视域下的主题来源,追求师生交集、内在协同,要将幼儿兴趣和需要作为课程出发点。教师发现幼儿兴趣,关注幼儿兴趣和关键经验,依据幼儿外显兴趣来直接生成小主人行走课程话题。教师可以从幼儿感兴趣的社会热点中衍生出话题,还可以通过聚焦幼儿各领域的真实问题形成话题。例如,在一次园

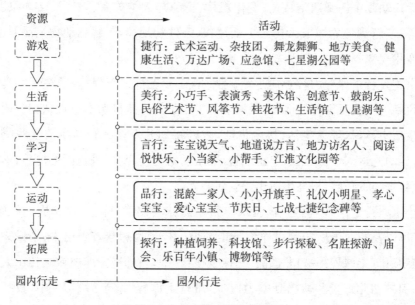

图3 小主人行走课程结构图

内散步时,幼儿看到有很多修剪下来的竹子。"这么多竹子,为什么要修剪?""是熊猫喜欢吃的竹子吗?""竹子可以制作成什么?"……幼儿提出许多感兴趣的问题,由此教师关注到幼儿的经验与资源之间产生的联系和共鸣,为幼儿兴趣的发现与维持提供了足够支持,一起开启了探秘竹子之旅。

2."五域"融合的行走空间,保驾护航

"五域"融合视域下的游戏空间,需要教师不断扩大活动场所和范围,提供更为广阔的活动空间。教师提前进行实地探索,一是开放区域的提前行走,尤其是没有管理人员、工作人员的地方,要先去亲身感知,也是为了寻找教育契机,同时排除一些不安全因素。二是人员互动区域的提前行走,例如,在行走课程"走进博物馆"中,教师需要提前和博物馆工作人员进行沟通交流,如怎样用适宜幼儿学习的方式去讲解,如何保障场地安全性等。同时教师自己也要研究博物馆对幼儿发展的教育价值,思考博物馆的组织方式,从而进一步提升博物馆行走活动的效率。另外,师生、家长还需一起制定户外相关预案,比如行走中遇到下雨怎么办？如何确保活动安全进行？户外出行方式是什么？……针对此类问题形成安全预案。此外,幼儿园组织远足活动,还需上级安全审批,以确保活动顺利进行。

(二) 小主人行走——预设与生成的动态过程

1. "五域"融合的行走资源,盘活优化

教师要开发、挖掘、利用园内外资源,让资源成为课程的因素来源和必要条件。我园生均占地面积近 50 平方米,园内具有得天独厚的自然环境优势,充满生态的环境为幼儿行走提供了广阔空间。园外地处城郊,周边自然资源、社会资源和人文资源都很丰富,有利于幼儿走进自然、走进社区,开展实践探究活动。各班教师对班级资源进行梳理分类,对适宜资源进行了收集、分析和筛选,进一步优化、盘活、丰实各类课程资源,使其动态流通,让资源真正成为幼儿行走的有力载体(见图 4)。

在课程资源上,教师找到了与五大领域融合的契合点,例如,大班教师在进行人文资源梳理后,发现有位家长是剪纸民间艺人,就充分利用这一人文资源,形成了"非遗'剪纸'"的行走课程。在健康领域,该课程锻炼了幼儿画、刻、折、剪等小肌肉群的控制能力,培养了其专注耐心的品质;在艺术领域,将幼儿的想象力、创造力充分发挥,体验透空的视觉美感,丰富了幼儿的审美体验;在语言领域,通过作品对话交流,提高了幼儿对中国文字以及文化多样性的认识;在社会领域,对各类剪纸的欣赏制作激发传承传统文化的积极性;在科学领域,了解了数学点线面以及对称、垂直、平行等概念。

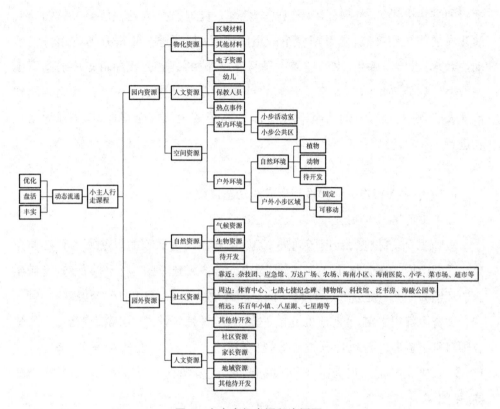

图 4　小主人行走课程资源图

2. "五域"融合的行走脉络图，三线结合

"五域"融合视域下的动态形成过程，是一个不断反复、发展、延续的过程，是一个互相关联的整体。教师将课程目标作为终点，以多种形式融入幼儿一日活动。教师将幼儿行走学习中涉及的知识、技能、情感整合起来，有预设，有生成，有师幼合作，逐步形成用三种线条的情境脉络图，有目的、有计划、有策略、有调整地支持幼儿经验整合。例如，在大班行走课程"小小杂技迷"中，孩子们观看了叔叔阿姨的表演后，对杂技产生了浓厚的兴趣，在美工区开始画起了杂技表演，在建构

区搭起了杂技舞台,在语言区还产生了"我长大想做什么"的谈话话题。如图 5 所示,实线为预设,虚线为生成,粗实线为师幼共同生成。行走脉络图随着整个行走课程的深化而不断变化发展,教师不断了解幼儿,理解幼儿,帮助幼儿获得完整经验,推动课程走向深度。

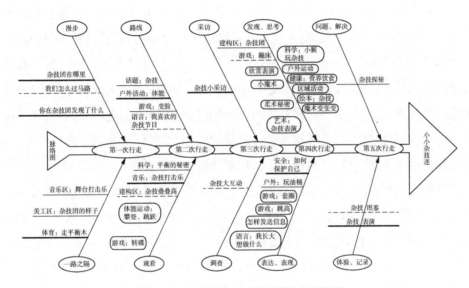

图 5 大班课程"小小杂技迷"行走脉络图

教师支持幼儿多感官感知周围世界并进行表达表现,以及表征。例如,在行走课程"走进应急体验馆"中,教师引导幼儿利用"行走记录本"进行表达表现,记录 5D 地震电影的动荡激情,记录现场急救体验的紧张害怕,记录 VR 技术下人机互动的神奇神秘,记录海啸台风体验的危难感受等,这些记录是孩子们的所见所闻所想,体现了成长过程观照,实现了思维过程可视化,展示了个性化表达。同时,表征也是师生阅读交流的重要资源,是倾听、了解、支持、解读的媒介,是捕捉课程生长的线索。

(三) 小主人行走——师幼互动的教学支持

1. "五域"融合的互动策略，共情共伴

在基于"五域"融合的教学策略方面，教师要更新教育观，将游戏与课程融合起来，结合五大领域的教学内容，开展各种各样有趣的、有意义的活动，激发幼儿兴趣，满足小、中、大班不同年龄段幼儿的需求，不断提升小主人行走课程的教育效果。在互动中，幼儿在前，教师在后；追随幼儿，教师同行；启发幼儿，师幼相长。互动包含五个方面，一是潜行中的弹性目标，强调目标是潜在的、弹性的；二是合作中的行为暗示，强调行走中师生是合作的伙伴，注重行为暗示的指导；三是自由中的自我约束，强调行走活动是自由的，通过规则的引领来促进内化自律；四是无意中的自我强化，强调行走中幼儿已有经验的强化，而强化又是隐含在活动中的；五是顺应中的情绪引导，强调行走中教师要从情绪上顺应幼儿，因势引导。

教师逐步形成"五域"融合下的课程游戏化教学策略，比如健康领域，通过武术、远足、体育游戏等活动帮助幼儿发展运动技能，提升身体、心理健康水平，养成良好的生活卫生习惯；艺术领域，通过小巧手、艺术欣赏等游戏，培养幼儿的艺术审美能力；语言领域，通过"故事大王""私密悄悄话""一对一倾听"等游戏，在班级里打造一个让幼儿想说、敢说、能说的语言交流氛围；社会领域，通过小记者、角色扮演等游戏，提升幼儿的综合素养；科学领域，通过小实验、小探秘等游戏，带领幼儿在不断探究中发现问题、解决问题，培养科学探究兴趣。

2. "五域"融合的多样化学习，丰富多彩

教师要支持幼儿深度学习，引导幼儿获得新经验。例如，在大班行走课程"好玩的万达广场"中，利用真实场景支持发现问题、寻求方法、尝试解决问题的过程，开展多领域、多形式、多途径的活动，生成社会、科学等"五域"活动（见图6）。教师支持幼儿再出发，比如在附近高新区小学行走活动中，教师根据幼儿需求，随时准备再次出发去小学，进行新的探索，不断改造、积极建构幼小衔接经验。教师实行

一日活动弹性化作息,突出游戏活动的主体地位和重要性,把握活动的多样性和适宜性,突出活动的趣味化、序列化和结构化,灵活采用个别、小组、集体等多样化学习形式,努力优化育人效果。

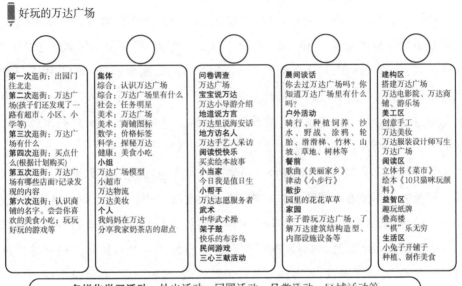

图6 大班课程"好玩的万达广场"多样化学习图

幼儿对整个行走活动开展回顾、分析和总结。孩子们在分享过程中,再现行走场景,梳理经验,加深在解决问题中获得的新经验。回顾经验让幼儿获得成功的体验,继续保持探索和学习的兴趣,始终做积极的、有能力的学习者,激发学习的主动性和能动性,保持良好的情绪状态,培养自信、自尊等自我意识和自我观念。教师鼓励幼儿再现特别有趣有意义的部分,分享交流以促进整个群体的经验生长,同时也探索接近内心体验,共同期待下一次活动。

四、"五域"融合的小主人行走课程评价：尝试CIPP全面性[6]

(一) 参与评价促进"五域"融合的民主原则

我园厘清"五域"融合内涵，进行全要素、全过程、全维度评价，确保小主人行走课程质量评价的全面性和诊断改进性。CIPP评价，即背景—输入—过程—结果评价，关注幼儿自评、互评。例如，在大班行走课程"家乡桥"中，幼儿用五星章、大拇指贴画等方式对自己的"桥"作品进行评价；在中班行走课程"地方美食"中，幼儿用自己设计的表格记录自己的饮食情况，做好进餐统计；在大班行走课程"好玩的绳子"中，幼儿互相记录跳绳情况，互相评价跳绳运动水平。

幼儿园CIPP评价主体有各种不同类型的人员，如幼儿、教师、家长、管理人员等。评价内容不仅限于课程实施效果，还包括实施过程、教师专业发展过程以及师幼互动、幼儿发展状况等。实施前，教研组审议评价活动是否具备开展价值，如何合理适切地利用资源，同时明晰课程脉络与目标；实践中，集体进班指导推进，对课程环境、教师实施、幼儿表现等进行信息读取，找出问题，并通过审议，集思广益地解决行走中存在的问题；实施后，需要对小主人行走课程的实施效果、幼儿发展和教师课程经验进行梳理汇报，巩固行走成长经验。

(二) 动态评价促进"五域"融合的循环路线

基于"五域"融合，我们认为以决策和改进为CIPP评价导向，形成活动资源、过程、成效评价指标(见图7)。将评价视角由单时间点转向多时间点，由静态评估走向动态评估，将评估嵌入幼儿一日活动中，围绕幼儿学习行为、态度、习惯，进行记录以及科学评价。比如，在自主进餐、午睡、盥洗等生活环节中，评价幼儿的生活自理能力和良好生活行为习惯养成情况；在集体活动中，观察幼儿的兴趣、规则意识、情感与社会规则掌握情况等。教师以发展眼光看待幼儿,基于幼儿现有水平,对幼儿"过去"发展进行总结,提出合理化参考依据,注重全面和谐发展,尊重个性化差异。

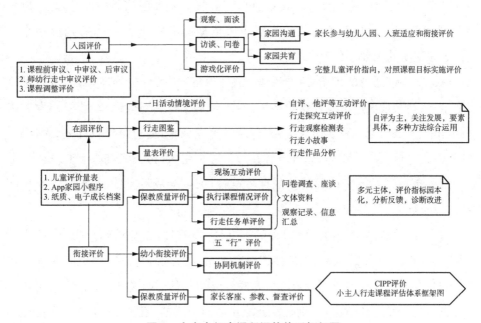

图7 小主人行走课程评估体系框架图

(三) 多元评价促进"五域"融合的优化策略

CIPP评价从"完整"角度进行评价,注重思维、技能、认知、情感、学习品质等综合发展,强调行走过程中的愉悦、独立、创造、规则、持久、合作等综合要求。比如,在园本课程"我爱幼儿园"中,小班入园适应要做专题跟踪评估,中班行走分享、交往做专题跟踪评价,大班行走合作、学习品质做专项评价,对不同年龄段关键行走行为进行梳理,带着评估结果支持幼儿行走发展。

促进"五域"融合的评价,不仅是对课程实施结果的考查,而且具有诊断、比较、调整等多项功能。比如:借鉴小方桌评价系统,不断尝试多种评价机制;利用行走记录本,多类人员观察幼儿行为和语言等,关注幼儿行为变化与成长历程,观察其在真实情境中的活动行为,收集能真实反映幼儿表现的资料;运用幼儿成长档案,为儿童需要发展辨别和评价提供事实依据。坚持广泛评价,不断提高小主人行走课程对儿童发展的有效率。

促进"五域"融合的评价,综合采用观察、谈话、作品分析等多样方法,通过行走记录本、幼儿发展形成性评价等多种方式,了解课程实施效果、幼儿身心发展水平;依据小主人行走课程实施方案,进行及时反馈调整,通过班级日计划、周计划、学期计划,包括班本课程等,分析所有教师实施小主人行走课程的问题与难点,全面了解各班教师对行走课程活动的评价;通过家委会成员座谈、各班家长有效问卷表,以及社区人员调查等,了解各类人员的需求与困惑。

总之,评价有助于教师了解课程的有效性、适宜性,强化诊断反思,合理辨析幼儿行为,研究幼儿发展变化,洞察其现有水平,关注发展速率、特点和倾向。在"完整"儿童育人目标指导下,我们以接纳每位幼儿的需求差异、关注每位幼儿的全面成长为出发点和归宿点,建立促进幼儿全面发展的"五域"互动型评价指标要素,开展主客观质性评价,关注动态发展,综合运用多种方法,分析反馈,诊断改进,努力达到互动随时、调整即时的小主人行走课程理想状态。

五、"五域"融合的小主人行走课程反思:提升融合深度性

我们的孩子,在行走中发现了自然,在体验生活中走向社会,在记录感受中描绘自己成长的足迹。在这样的过程中,时间让孩子们渐进养成,自由让孩子们自主选择,问题让孩子们乐于探究,机会让孩子们自信展示,孩子们的游戏、生活、学

习更加生动了,在快乐的一日活动中感知感受、探究创造、表达表现,获得全面成长。

我们的老师,经常聚在一起研讨,形成融合问题意识及自下而上的途径,确保小主人行走课程总目标、具体阶段、活动目标的一脉相承,横向联系全面,纵向延续加深。教师的教育理念发生了质的改变,在改革和实践中重新认识了"五域"融合下幼儿学习、生活、游戏和幼儿园的关系。教育观、儿童观和课程观在冲击和挑战中不断得到优化。

我们的幼儿园,对所向往的"融合"行走进行重新定义、实践,赋予其价值,使本土资源被努力盘活、被串起,传统文化被记载、被传承。课程不是孤立于其他工作之外的,幼儿园、家庭、社区一起整合、融入、吸纳,大家都成为课程关注者、推动者,共同协调运作。

在课程创生的过程中,我们确实遇到了许多前所未有的挑战。对于如何推进基于"五域"融合的课程深化、优化,我们还需要持续努力。一是架构融合:小主人行走课程内容的架构融合,还有实施路径的架构整合。呼应全人发展需求,多方契合课程内涵,不断深化课程理念,让"融合"理念渗透在课程的每一个要素之中。二是内外融合:遵循幼儿身心发展特点,充分开发、利用园内外各类资源,根据幼儿兴趣、问题和需求创设行走环境,使幼儿在自然、生活、社会环境互动中解决问题,提升自主学习能力,支持幼儿获得新经验,满足其全面发展需求。三是开放融合:小主人行走课程采用幼儿、教师、家长、社区人员、专家、管理人员等共同构建研发的全面参与机制,关注园本、班本课程质量,提升教师课程创生能力,课程方案灵活动态调整,CIPP课程评价日臻成熟,形成合心、合力、共生的课程文化。

"五域"融合下的小主人行走课程,是将思想理论转化为实践的长期整体推进过程。孩子们的好奇、疑惑,又或是行走的兴奋,将快乐童年相册染上了绚丽的色彩。行走中的幸福感,使孩子们时不时享受、时不时憧憬、时不时探索,用属于孩子们的"行走"不断创造属于孩子们喜欢的课程。

"五域"融合下的小主人行走课程,致力于培养完整的人。回归幼儿,回归本真,契合未来核心素养的"完整"儿童的育人目标,系统构架的目标内涵体系,灵活路径、多样载体、多方联动的内容实践,为"五域"融合的园本课程实践提供了真实案例。课程构建是一件复杂长远的事,回到幼儿教育原点,我们共同行走、共同成长,继续努力打造"五域"融合下小主人行走课程的"完整"样态,让每位孩子都能获得适宜教育的"完整"状态。

参考文献

[1] 中华人民共和国教育部.3～6岁儿童学习与发展指南[EB/OL].(2012-10-09)[2024-04-28].http://www.moe.gov.cn/srcsite/A06/s3327/201210/t20121009_143254.html.

[2] 朱旭东,李秀云.幼儿五大领域发展与幼儿全面发展之辩——兼论幼儿全面发展本体论意义上的概念建构[J].教育发展研究,2021(15):1-8.

[3] 张晓瑜.有机课程观研究[M].北京:中国社会科学出版社,2016.

[4] 上海市教育委员会教学研究室.幼儿园课程图景:课程实施方案编制指南[M].上海:华东师范大学出版社,2013.

[5] 罗燕.幼儿园行走课程[M].南京:南京师范大学出版社,2022.

[6] 高振强.CIPP教育评价模式述评[J].教学与管理(中学版),1998(Z1):57-59.

费红梅　江苏省南通市海安高新区海南幼儿园　幼儿园园长　教龄23年

4. 跨界共融　园外资源点亮课程

——区域推进"幼儿园内外实践体验活动"的探索

"来了,来了,无人驾驶车来了!"伴随着孩子们的欢呼雀跃,一辆无人驾驶车缓缓停靠在路边。

"我们能上去坐一坐吗?"

"我能摸一摸吗?"

"它真的不用人开吗?"

……

孩子们好奇欣喜地环绕着无人驾驶车,兴奋地摸着车子的各个部位……

一个孩子指着车顶上的探头问道:"这是什么?"工作人员解释说,那是车的"小眼睛",车子的全身上下都充满着小眼睛,用来观察路况以确保安全。孩子们充满好奇地问道:"它有几个小眼睛?""下雨天它能看得清吗?""方向盘是怎么自己转动的?"他们与工作人员互动着,兴奋地享受着这个特殊体验。活动结束时,孩子们依依不舍,一个小朋友激动地说:"今天太开心了!我也想造一辆无人驾驶车。"

园外无人驾驶车的真实体验,是我区园内外实践体验活动的一个缩影。

上海市"幼儿发展优先"理念的提出以及"幼儿发展优先"行动研究项目的推出,顺应时代发展潮流,凝聚着上海教育的城市特色。这一项目不仅为全市学前教育发展确立了价值导向,也为区域内涵建设和高质量发展指明了道路。作为项目的重要组成部分,"幼儿园内外实践体验活动"强调社会、家庭、校内资源的相互交织、相互作用和共生,以融合的理念,丰富幼儿的整体体验和学习机会,不仅在促进幼儿全面发展方面具有独特优势和重要意义,还与综合素质教育的"五育融合"原则相契合。

嘉定区地处上海西部,拥有800余年悠久历史,具有丰富的人文历史底蕴和优秀文化遗产,得天独厚的资源禀赋为幼儿园开展园内外实践体验活动提供了坚实支撑。在上海市教研室的专业引领下,嘉定区立足自身特色,在推进"幼儿园园内外实践体验活动"项目过程中进行了深入思考和积极行动,形成了一整套行之有效的实践策略。

一、资源盘点与发掘——遵循两个"多"

嘉定区在资源盘点和发掘过程中坚持"多领域"和"多协同"理念,努力为幼儿营造"儿童友好"的成长环境。

(一)"多领域"——坚持"大视野"

嘉定区秉承区域大视野课程理念,充分挖掘和利用当地自然、科技、红色文化、历史遗迹等多领域资源,涵盖红色资源、城市发展、自然探索、安全教育、艺术体验等多方面。

同时,区教育局还组织开展面向幼儿的"我最喜欢的体验地"等调查活动,从幼儿视角发现身边有趣的活动场所。各幼儿园也立足自身特色,挖掘本园的园外实践资源。

在具体选择资源时,嘉定区采取分类考量:近距离资源重点考虑安全性、可步行性、可持续性;远距离资源则侧重多样性、互动性以及对课程实施的拓展补充作用。

通过"多领域"视角的资源盘点,嘉定区最终梳理出70处优质园外体验资源点,以及一批契合幼儿园教学主题的园内实践资源,为幼儿拓宽视野、丰富成长经历构建了资源网络(见表1)。

表1 嘉定70处幼儿园园外体验活动打卡地资源目录

体验类别	打卡地名	资源说明	N种体验攻略
红色资源	嘉定区革命烈士陵园	简介:嘉定区革命烈士陵园是嘉定区最具代表性的红色历史坐标,这里安葬着革命历史时期牺牲的烈士,也是新时代嘉定区共产党员的精神家园。烈士墓区、革命烈士史料陈列馆是陵园主体,展示抗日战争时期牺牲的烈士史料等。 价值:了解烈士英雄事迹,怀念、崇敬牺牲的烈士,体会现在的幸福生活。	• **烈士陵园扫墓**:自制黄白菊花参加献花仪式,在国歌、肃穆和默哀后向烈士献花,表达哀思和敬意。 • **听牺牲烈士的故事**:观看展馆内陈列的文物、照片和烈士遗物等,听烈士的英勇故事。 • **一场特别的升旗仪式**:幼儿在纪念馆外开展一次特别的升旗仪式,感受五星红旗的来之不易。
	外冈游击队纪念馆	简介:外冈游击队纪念馆位于嘉定区外冈镇杨甸村,纪念馆设三个展室,包含各种文物、图片	• **听听游击队的故事**:配合实物类、影像资料,和幼儿一起参观展馆、聆听外冈游击队的故事。

(续 表)

体验类别	打卡地名	资源说明	N 种体验攻略
		和历史资料 80 余件,采用影视、水粉画、雕塑等不同形式,再现当年外冈游击队在中国共产党领导下,积极英勇战斗的抗日事迹。 **价值**:幼儿了解游击队员的英勇,激发幼儿爱祖国、爱家乡、感恩先烈、以嘉定娃娃为荣的积极情感。	• **小小游击队**:模拟游击队进行户外野战。体验手榴弹、望远镜、炸药包、迷彩网、迷彩垫等,在匍匐爬、过壕沟、紧急集合中激发幼儿克服困难的勇气。 • **我是红色故事宣讲员**:了解熟悉游击队故事,作为宣讲员进行宣讲。
城市发展	……	……	……
自然探索	……	……	……
……			

(二)"多协同"——共建"儿童友好"环境

"多协同"是嘉定区推进园内外实践体验活动的重要理念。区教育局与区内各委办局充分沟通协调,整合科普教育基地和社会资源的优势。各园在具体使用资源时,也注重与社区、街道、家长等多方协商共建,从多个维度把关资源的合理性和安全性,切实满足幼儿需求。

通过政府主导、园所对接、师幼参与的多方协同,嘉定区形成了资源整合的合力,携手社会各界共同开拓资源,广泛征集一线教师、家长和社区意见,了解孩子们的兴趣爱好和需求偏好。通过自下而上的共同努力,全面梳理了区内"一墙之隔"的近距离资源、"一公里步行圈"内的周边资源,打造"儿童友好"的活动环境,为园内外实践体验活动提供了系统化的资源保障。

综上所述,嘉定区遵循"多领域"和"多协同"理念,坚持跨界合作和开阔视角,携手打造"儿童友好"的环境,在资源盘点和发掘过程中积极探索园外资源,形成了独特而富有成效的实践经验,不仅丰富了幼儿的成长体验,也为区域学前教育内涵发展积累了宝贵经验。

二、资源与幼儿园课程的融合设计——聚集三个"共"

园外资源的融入,为课程注入了新的活力和资源,已成为现代课程建设中不可或缺的重要组成部分。同时,嘉定区也在不断探索资源融入课程建设的实践路径。

在课程设计上,区域坚持全局统筹的教研理念,高效组建区域教研共同体,以市级示范园为龙头,覆盖全区各街镇,致力于探索园外资源的挖掘与应用。在运作模式上,教研共同体采用"示范园领航、教研员陪伴、试点园实践"的方式,关键在于有效利用优质资源,使其真正转化为育人资源,并有机融入幼儿园课程。

嘉定区以嘉定新城实验幼儿园为试点园,借助嘉定新城远香湖的丰富资源,倡导"共研、共进、共生"的合作理念,探索将资源融入课程的实践路径。教研共同体根据"五育融合"思想,将远香湖的自然、人文和科技资源与幼儿的德智体美劳全面发展相结合,丰富幼儿成长经历,开展多样化的教育活动,以促进幼儿的全面发展。这一实践不仅拓宽了资源利用的范围和深度,也为幼儿园课程带来了新的变革和发展,体现了资源与幼儿园课程的有机融合。

(一) 共研——组建教研共同体

共研的核心在于组建教研共同体,针对同一项资源开发多种体验活动。在共研过程中,试点园教研共同体和幼儿园园内教研共同体同时发挥着重要作用。这里以"我的邻居远香湖"实践活动为例。

幼儿园园内教研共同体分为教师组织课程和家长亲子活动两个方面。在教师组织课程方面,教师基于《3～6岁儿童学习与发展指南》和《幼儿园保育教育质量评估指南》,挖掘和设计有价值、有意义的活动,并创设丰富、适宜的游戏情境。在家长亲子活动方面,教师发布亲子活动内容,了解家长需求,引导家长带领幼儿体验感兴趣的设施和内容,并形成反馈机制,总结亲子体验活动要点(见表2)。

表2 基于远香湖资源地的园内外活动

打卡点	教师组织课程建议	家长亲子活动建议	重点提示
智慧车站	1. 无人驾驶车 活动建议: (1) 教师可以分批带领幼儿前往智慧车站,让幼儿自主尝试按按钮呼叫无人驾驶车,体验观摩无人驾驶车。 幼儿发展目标:体验丰富的城市生活,体会城市建设的不断变化,了解各种新鲜事物。 (2) 幼儿园组织幼儿前往安亭汽车博物馆,教师带领幼儿了解更多关于无人驾驶车的内容,提前组织幼儿记录自己关于无人驾驶车的问题,到博物馆内与工作人员进行互动。 幼儿发展目标: ● 让幼儿探寻科技给生活带来的便利。 ● 在与工作人员的互动中提升语言表达与社会交往的能力。 2. 海绵道路 活动建议:教师提前与幼儿进行讨论,形成"如何辨别海绵道路"以及"海绵道路的作用是什么"等问题和相关猜测。对海绵道路的吸水性进行探索,体验城市排水系统的现代化。 幼儿发展目标:	亲子户外活动,可前往智慧车站进行了解和体验,记录发现并尝试体验。 活动价值——现代科技的探索。 1. 互动屏幕:与水柱进行互动,探索水的动力、流动性等。 2. 智慧车站图:观察发现车站提示图的秘密,了解不同符号的意义。 3. 智慧交通道路情况显示屏:家长可以带着小朋友在路边安全地进行观察、记录,与幼儿互动,引导幼儿了解现在道路车况如拥挤程度、车流量、车速等。 4. 智慧垃圾桶:增强垃圾分类及环保意识等。	1. 由于无人驾驶车的安全问题,低龄儿童暂时不能乘坐。 2. 可以对设计者进行访谈,参观无人驾驶车等。

(续　表)

打卡点	教师组织活动建议	亲子活动建议	重点提示
	● 发展幼儿科学探究、提问等能力,通过问题进行猜测、实验和验证的探究过程。 ● 通过观察、比较与分析海绵道路与普通道路,描述海绵道路的特点、作用,感受新科技的便利。 ● 用一定的方法验证自己对海绵道路的实验猜想,制订简单的调查计划,用数字、图画、图表或符号进行记录,与他人合作并交流自己对海绵道路的已有经验。	5. 无人驾驶车:体验现代化、无人驾驶科技给生活带来的便利。 6. 海绵道路:探索路面吸水性。 7. 智能斑马线:家长带着小朋友体验智能斑马线不同颜色情况下行走的情况。	
远香湖灯光秀	光与影探究活动 活动建议:结合亲子活动提供的远香湖光影秀的视频等素材,教师可以组织幼儿进行"光与影"的探究活动。教师提供手电筒、彩色透明片、水盆等材料,引导幼儿在小黑屋的场景中进行"光影秀"的设计,最后呈现出一场属于幼儿自己的光影秀。 幼儿发展目标: ● 分析光影之间的投影关系。 ● 尝试DIY彩色光影秀。 ● 观察水中的倒影,探究水陆空三栖投影效果。	活动价值——探索体验光与影的形态。 家长可以晚上带着小朋友前往远香湖,欣赏湖畔上的光影秀,以照片、视频形式记录下美丽的光影秀,并带到幼儿园进行分享。	在设计"光与影"活动时,需对安全性、可操作性等因素进行考虑。

　　试点园教研共同体研讨如何利用远香湖开展不同活动。各幼儿园综合考虑距离、幼儿发展需求、兴趣以及园本特色等因素,利用同一资源开展不同领域的活动。活动结束后,他们进行反馈和集体研讨,最终形成"远香湖"的N种体验活动(见表3)。

表3 利用园外资源开展的体验活动

"远香湖"的N种体验活动			
序号	幼儿园	资源地	体验活动设计
1	嘉定新城实验幼儿园	远香湖白银路段智慧道路	嘉定新城主干道白银路与远香湖相连,是一条智慧道路,配备了智慧路口、智慧公交驿站、智慧斑马线以及智慧街区等多个车路协同的场景。作为海绵城市的样板路段,白银路在施工过程中使用了多种透水材料和新工艺,是一条下雨天地面也能干的马路。无人驾驶车辆时常在白银路上行驶,公交车站多场景融合联动的交互电子屏也为出行带来了很大的便利,在"我们的城市"主题中,白银路远香湖成了孩子们的打卡热点。本次活动在前期调查的基础上,引导幼儿通过实地观摩、体验,感受城市发展给生活带来的便利,体会科技进步让城市变得更加美好。 一、互动的马路,让出行更方便 资源:公交车站交互式电子屏幕,显示车辆实时信息、拥挤程度,出行信息查询。 过程: 1. 这个公交车站和其他的有什么不同? 组织方式:操作体验。 2. 你觉得这样好吗?为什么? 组织方式:讨论。 二、聪明的马路,让出行更安全 资源:"自动驾驶上下车停靠区"、智慧道路设计师。 过程: 1. 无人驾驶车停靠点有什么用? 组织方式:操作体验——教师在"自动驾驶上下车停靠区"叫车,无人驾驶车驶入停靠区。 2. 怎样确保无人驾驶车在马路上行驶的安全性? 组织方式:视频连线智慧道路设计师。 三、环保的马路,让水更清 资源:人行道上的海绵砖,人行道边缘的排水孔。 过程: 1. 水去哪里了?(经过渗透,汇入远香湖) 组织方式:操作体验——将含有食用色素的水倒在海绵砖上后,水立刻消失了。 2. 为什么要用海绵砖?(加快渗水速度,不会弄湿行人的鞋子;收集更多雨水) 组织方式:实验、讨论。

(续 表)

序号	幼儿园	资源地	体验活动设计
		智慧乐园——假如我是儿童乐园改造师	幼儿根据在远香湖儿童乐园的游玩体验,发现远香湖儿童乐园设备以及同伴互动过程中的问题,并从儿童友好型城市出发,以游乐园设计师的身份,尝试解决这些问题。 问题一:游乐设施排队问题(给区长的一封信) 解决方法:倡议书、计时器、规则指示牌、时时人流信息公布。 问题二:玩水区更衣设备不足的问题 解决方法:提供更衣帐篷。 问题三:停车难问题 解决方法:游乐园无人导航车专线、绿色出行、改造停车场。
2	百合花幼儿园	远香湖	**活动名称:我们的秋游日** 孩子们对秋游总有着浓浓的期盼。如何借助嘉定区周边的资源和场地满足孩子们出游的愿望?对此,我们决定把自主的空间赋予孩子,让他们真正有一个属于自己的"秋游日"。 秋游日进行时 **一、去哪儿——地点我来定(家长资源)** 1. 发布秋游日地点:远香湖。 2. "远香湖"网红打卡地大调查。(借助家长资源,亲子共同调查) 3. 打卡地竞选。(幼儿投票选出最想去的网红打卡地) 4. 秋游日倒计时。(提供日历表,幼儿制订秋游日前期准备计划) **二、怎么去——路线我来查(交通资源——14路公交站在幼儿园附近)** 1. 亲子共同查阅"幼儿园——远香湖"的路线。 2. 绘制路线图,选择最便捷的路线。 **三、吃什么——美食我来选(家长资源、超市资源)** 1. 制定野餐清单。(分组讨论秋游日需要带什么好吃的) 2. 亲子组队,分工购买美食。(每位幼儿10元,亲子组队带着清单去购买) **四、带什么——装备我来想(家长资源)** 1. 儿童会议:商讨一份"秋游物品清单"。(去远香湖秋游需要带些什么) 2. 查阅天气,结合天气情况准备出游物品。(野餐垫、帐篷、小装饰、垃圾袋、帽子、餐巾纸等)

(续 表)

序号	幼儿园	资源地	体验活动设计
			五、玩什么——游戏我来创（远香湖资源） 1. 网红打卡地合影。（寻找路线、询问路人） 2. 自主创设露营地。（画彩旗、绑气球、搭帐篷） 3. 好朋友游戏进行时。（结合远香湖自然资源和秋天背景，可根据幼儿兴趣组织如寻找秋天的一百种颜色、秋天草地音乐会、秋日摄影等活动） 六、秋游日大回顾 1. 孩子们眼中的秋游。（分享秋游日"最开心的事"） 2. 投票评选秋游日"十大开心事"。 3. 绘制远香湖游园攻略。（园内给弟弟妹妹当回小导游）
3	……	……	……

通过共研，大家根据幼儿的兴趣和需求设计和规划活动，充分融合德智体美劳五育。例如，幼儿在制作远香湖儿童乐园文明宣传单的过程中，不仅能提升语言表达和前书写能力（智），还能培养爱护公共环境的意识（德）。探索海绵道路和体验智慧交互屏等活动，不仅能发展幼儿的探索和问题解决能力（智），还能锻炼幼儿的体能和协调性（体）。此外，共研还重视家园共育，通过访谈、问卷调查等形式收集家长需求。家长可以带着幼儿体验智慧交互屏上的一键叫车功能，感受科技的魅力（智、劳）；探访保利大剧院等地，欣赏优秀艺术作品，提升审美素养（美）；观赏远香湖光影秀，感受光与影的美丽，陶冶性情（美）。通过多样化的体验活动，幼儿在游戏中学习，在探索中成长，德智体美劳得到全面发展。共研使得资源成为幼儿教育的沃土，为幼儿的全面发展提供了丰富的养分。

通过多维度共研，各园将远香湖这一片资源进行充分利用，使其成为幼儿教育的沃土，为幼儿的全面发展提供了丰富的养分（见图1）。

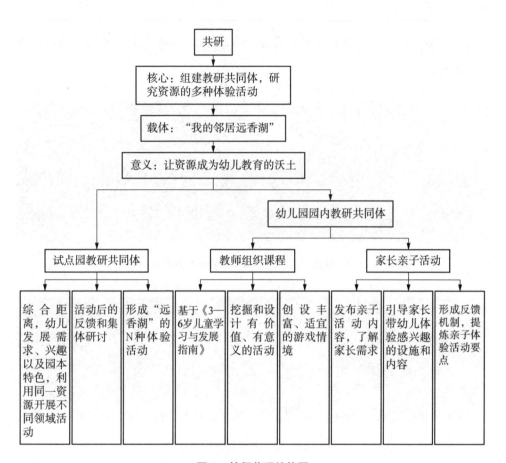

图 1　教师共研结构图

(二) 共进——园内外联动,注重经验连续性

注重资源使用的园内外结合,将体验活动贯穿园本课程各环节,既可以作为单独的现场体验活动,还可以融入日常的综合性主题活动。

在"我的邻居远香湖"案例中,幼儿在游玩远香湖儿童乐园时遇到秩序性和扔垃圾等问题,于是想到用制作倡议书和发放宣传单等方式进行解决。幼儿在园内进行个性化倡议书和宣传单的设计制作,并拿到园外进行展示和发放(见图2、图3)。

图2　幼儿在园内设计制作的游玩规则倡议书

图3　幼儿在分发宣传单

幼儿在分发宣传单的过程中,发现宣传单很快就发完、宣传范围很小等问题。教师组织幼儿将小组问题带回到园内进行讨论,幼儿提出能不能做一些牌子挂在柱子上、用移动机器人循环播放宣传等想法。集合大家智慧,幼儿在园内又制作了机器人bobo,带领bobo再次到远香湖进行宣传(见图4),结果又发现机器人的稳定性不足等问题,于是再回到园内调整机器人身体……当理想照进现实,孩子们的想法真正实现时,他们开心地说道:"我太开心了,没想到我们做的宣传机器人真的能带到远香湖用!""我还想多做几个机器人!"……

正是园内外活动的互补支持、双向经验的联动、循环往复的课程实践路径,让幼儿的经验呈现出动态连续性。

图 4　幼儿带机器人 bobo 到远香湖进行宣传

(三) 共生——幼儿发展优先,充分追随儿童

共生的核心是幼儿发展优先,资源利用以儿童为本,充分关注儿童需求。

在利用资源开展活动时,需注重过程体验,鼓励幼儿主动提出疑问、探究发现。教师应生发并设计多元化活动,满足不同幼儿的个性化需求,体现教师的课程领导力。

在活动设计上,可采用亲子参观、家长打卡等形式,注重资源体验活动的延续性,将活动与幼儿实际生活相联系,从而有利于知识内化。通过点到线、线到面的逐步延伸,使资源利用和体验由初始的单点活动逐渐扩展、深化,最终形成系统化、持久化的全面体验。

例如,在"我的邻居远香湖"活动中,最初可安排幼儿和家长一起参观远香湖,了解周边环境。之后教师根据幼儿兴趣爱好,设计丰富多样的体验活动,如探索智慧交通、欣赏艺术表演、制作文明宣传品等,满足幼儿在智力、审美、劳动等方面的发展需求。同时,教师还可引导家长带领幼儿在家中延伸体验,如一起模拟智能交通系统游戏、欣赏艺术作品等,将活动贯穿到生活的各个层面。通过系列化、多角度的资源体验,促进幼儿全面而有个性的发展。

通过"共研、共进、共生"的合力模式,嘉定区不断探索资源与课程有机融合的关键要素和有效做法,使活动贴近幼儿生活,更好地服务于幼儿全面发展。

三、资源深入课程的实践过程——重视四个"点"

在利用资源深入课程的过程中,嘉定区幼儿园教师注重挖掘"兴趣点""问题点""生长点"和"反思点",其核心在于以儿童为本,而非简单地追求融合。这种"基于幼儿、为了幼儿、服务幼儿"的理念,正是"幼儿发展优先"的具体体现。下面继续以嘉定新城实验幼儿园大班幼儿远香湖体验活动之改造儿童乐园为例,阐述如何更好地关注资源利用的效度,关注幼儿经验的联结和贯通,并在推进中不断跟进与调整、运用与迁移。

(一) 基于整体幼儿的"兴趣点"——关注主动活动

活动开端就是从幼儿日常生活中热议远香湖儿童乐园的经历出发,教师顺应了孩子们对这一身边资源的浓厚兴趣,让他们主动参与、自主探索。在后续的各环节中,无论是实地考察、搭建无人驾驶车线路,还是制作游玩规则倡议书和宣传单,都紧紧围绕儿童乐园这一兴趣点展开,保证了幼儿的主动性。

孩子们提出这些问题,说明"孩子在用自己的眼光去寻找城市的真问题"。不同于充满着规则性、秩序性、保护性的幼儿园内的玩具设施,公园里的游乐场有更多不同年龄的孩子参与、不同教育理念家庭的介入以及各种环境因素,是充满真实情境的孩子社会适应场。作为教师,我们也一直致力于培养孩子"文明乐群、爱护环境、有初步责任感",那么,当孩子们离开校园、走进社会,他们会成为怎么样的人呢?会怎样去适应或改变社会?教师敏锐地意识到,孩子们解决儿童乐园这些问题的过程可能就是一次非常有价值的成长经历。于是,教师和孩子们一起通过网络图的方式将问题汇总起来(见图5)。

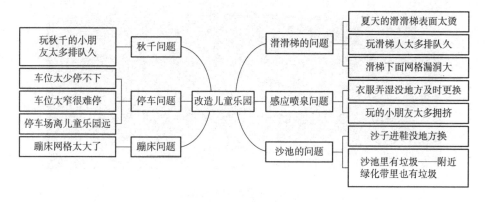

图5 幼儿在儿童乐园游玩中发现的问题

这些问题来自孩子的自发观察。作为教师,我们应以幼儿发展为目标,基于他们的兴趣进行"问题"价值判断,最终结合问题剖析其背后对孩子的发展价值,聚焦于以下四个问题:

"玩湿了怎么办?"——希望培养幼儿创造性地解决问题的能力。

"人太多怎么办?"——希望让孩子拥有自我保护的意识与能力。

"停车难怎么办?"——结合孩子提出的"无人驾驶车"方法,希望激发孩子探索现代科技的兴趣。

"乱扔垃圾怎么办?"——希望培育幼儿的环保意识。

针对孩子们提出的四大问题,教师让他们自主进行分组活动,形成了"更衣间"小组、宣传小分队和无人驾驶车小组。分组中完全遵循幼儿的兴趣,也正因为有了兴趣驱使,幼儿一次又一次地主动探索问题解决策略(见图6)。

图6 儿童的问题展示

(二) 捕捉当下生发的"问题点"——重视问题驱动

从活动由来可以看到,活动推进的全过程都源于幼儿们在亲身体验中真实发现的问题,如"玩湿了怎么办""人太多怎么办""停车难怎么办""乱扔垃圾怎么办"等。孩子们针对这些困扰进行头脑风暴,自主提出解决方案并积极付诸实践,展现了典型的问题导向式学习。

例如,针对喷泉区会玩湿的问题,小朋友提出了很多解决办法:造一个更衣间、带一些雨衣穿、带一些纸巾擦……在第一次"更衣间"(帐篷)制作完成后,我和孩子们来到远香湖儿童乐园,实地考察地形,让孩子们自己选址(见图7)。

图7 制作"更衣间"

到了实地,孩子们发现了问题:精心准备的涂鸦小帐篷太小了,不仅进出不方便,而且非常容易倒,在实际的使用中存在安全隐患,那怎么办呢?

他们实地又展开了讨论,想到用长木棍做个大帐篷、使用一键打开大帐篷等方法,并提出要带衣架和毛巾推车等需求。这一次他们把小帐篷作为定位,也请教师帮忙拍照记录地点,回到教室后在儿童乐园规划微景观中定位了帐篷的新位置(见图8)。

图8 定位"更衣间"

结合孩子们提出的方法,教师给他们提供了小衣架、推车等材料。我们又进行了第二次实地操作,孩子们把新搭建的大帐篷摆放在上次的记录点上;热心的家长义工也一起参与此次活动,并带来了露营帐篷,还摆放了雨衣借用衣架和毛巾推车等。

通过一次次的问题导向引发一次次的生生互动、经验共享和主动操作,助推幼儿向深度体验和学习迈进。

(三) 把握经验习得的"生长点"——引发小组合作

在制作"更衣间"、宣传单和设计无人驾驶车线路等各环节中,幼儿们分成小组开展合作探究。小组内分工协作、互帮互助,激发了每个孩子的潜能;小组间相互学习、切磋交流,促进了全班经验的集体生长。家长和社区力量也被充分吸纳,为活动提供了支持和反馈,助力了幼儿技能的精进。

例如,针对"停车难"的问题,布丁小朋友提出使用"无人驾驶车",吸引了孩子们的兴趣。在之后自由活动和个别化活动中,幼儿就分小组合作表现自己心中的无人驾驶车,有的用各种材料制作装饰心中的无人驾驶车并畅想了未来无人驾驶车的内部设施,用积木进行搭建,如小型滑梯、游泳池等;有的在游戏中,搭建了一辆无人驾驶车进行游戏;有的在运动中,用滑草车进行无人驾驶车的模拟体育游戏(见图9)。

图9 无人驾驶车探索

当兴起无人驾驶车建造热潮后,孩子们开始探索如何用无人驾驶车接送大家。孩子们会合作规划行驶路线。无人驾驶车小组的成员有的通过询问同伴居住的小区位置,标记在纸上并连接小区的中心点,有的用尺、积木、纸片等材料进行测量以获取最短路线,然后大家将几张线路图拼成完整线路,负责遥控小车的幼儿进行模拟驾驶。小组合作模拟操作满足了孩子们对未来无人驾驶车更好使用的畅想(见图10)。

图10 规划无人驾驶车行驶路线

之后,家长还在双休日带幼儿前往远香湖车站,体验无人驾驶车的使用,感受现代科技的便利和发达,拓宽了幼儿的视野。

(四)注重过程实践的"反思点"——注重反思评价

活动中,教师不断引导幼儿对当下的方案和行动进行反思评价,及时发现问题并加以调整。比如在制作"更衣间"过程中,幼儿发现小帐篷不合适,主动转向更大的帐篷设计。这种不断反思、持续优化的过程,促进了幼儿元认知能力的提高。

在整个活动过程中,教师也注重对幼儿的过程性评价,关注他们在探索问题、实践解决方案的各个环节中所展现出的能力和素养,并给予正面肯定和中肯引导,推动了幼儿各方面素养的协调发展。

在活动末期,对于已经实施的内容,孩子们用不同的点赞方式给自己鼓励和评价;对于同伴小组的活动进行他评和互评等,以儿童视角进行反思(见图11)。

图11 幼儿对活动的总结评价

通过这次实践活动,在不同的问题情境中,幼儿经历了不同的元认知体验,教师也进行了反思剖析,从活动中更好地看懂孩子的发展(见表4)。

表4 幼儿在活动中的真实体验

幼儿看似在经历	实际上他们真正经历了
帐篷摆放位置实地考察和物品调整的活动	● 发现问题、解决问题并不断调整解决策略的认知体验 ● 运用空间方位经验合理规划帐篷摆放位置的学习体验 ● 关注同伴需要,根据他人需要进行调整的情感体验 ● 大胆尝试改造的操作体验
制作海报和倡议宣传的活动	● 不断思考并运用自我保护及规避危险的方法 ● 与同伴协商制定合理游玩规则的自主体验 ● 爱护保护环境,让生活变得更美好的环保和社会责任公益体验 ● 愿意在户外陌生人面前自我表达的社交体验,以及真实操作后的满足感和成功宣传时的喜悦之情

(续　表)

幼儿看似在经历	实际上他们真正经历了
用材料制作或用积木搭建无人驾驶车,规划路线等活动	● 好奇好问,探究新科技并感受新科技给生活带来的便捷体验 ● 探究无人驾驶车的结构并用多种形式和材料创造性表达表现的认知体验 ● 对同伴居住地信息的收集和统计,运用各种测量的方式绘制路线图,更好地服务他人的规划体验 ● 畅想未来的憧憬体验

这些丰富多样的实践活动,实现了资源与课程的深度融合。我们注重紧扣幼儿兴趣,运用启发式引导,鼓励幼儿主动提出问题并通过小组合作积极求解;同时,教师注重对幼儿的过程性评价和反馈指导,促进幼儿元认知和各方面能力的协调发展。

嘉定区积极探索将园外资源融入幼儿园课程的实践路径,在落实推进幼儿园内外实践体验活动的探索中,始终坚持贴近幼儿生活,顺应幼儿发展规律,并通过多方协同共育的方式实现了资源与课程的深度融合。

在丰富多彩的实践体验活动中,幼儿不仅获得了丰富的感官体验和社会认知,更在自由探索与游戏互动中,自然获得了德智体美劳全面且个性化发展的机会。这种立足幼儿发展需求、关注幼儿学习过程的实践路径,充分彰显了"五育融合"理念的精髓,不仅有效促进了幼儿身心全面发展,也为高质量利用资源促进幼儿发展指明了方向。

郁婷　上海市嘉定区教育学院　学前教研员/高级教师　教龄26年
张晴　上海市嘉定新城实验幼儿园　幼儿园教师　教龄10年

第二章

学科融合:跨出新路径

五育融合的学科立场至少表现为以下几个方面。一是保持主融育的核心地位。在五育融合时，一定要以主融育为核心来融合其他各育。因此，主融育应该占据绝大多数教学时间，花费师生较多精力。如果主融育在融合其他各育后，师生对各育的时间与精力投入大体相当，那就没有体现出主融育的学科立场。二是以主融育为轴心。五育融合时，要从主融育的视角来选择被融育，既包括选择哪几育作为被融育，也包括选择被融育中的哪些具体内容作为融合点。换言之，五育融合并不是简单地将其他各育与主融育对接，或将其他各育的内容"搬进"主融育，而是要从主融育的视角对被融育进行取舍、裁剪。从这个角度看，五育融合中的"五"并非实数，而是虚指，可能是两育或三育等。而且，五育融合背景下的教学并非一定要"融合"，而是能融则融，不能融则不可强融。三是以协同育人作为终极目标。五育融合的目的就是通过加强五育之间的联系来发挥五育的协同育人作用。但是，在具体融合时它并不是以平均用力、势均力敌的方式来实现的，并在这个过程中加强五育之间的联系。

（《论课堂教学中五育融合的学科立场》，罗祖兵，《课程·教材·教法》2022年05期）

5. 从"支点"到"融合":素养导向的初中历史概念教学实践策略探微

《义务教育历史课程标准(2022年版)》(以下简称2022年历史新课标)明确提出,将培养学生的核心素养作为历史课堂教学提质增效的出发点和落脚点,逐步推动历史教育教学从"被动和填鸭式"的知识本位型向掌握知识、发展能力、塑造品格的素养导向型转变,发挥学科育人功能,实现学生"五育"有机融合与全面和谐发展。

历史教学离不开历史概念的解读和内化。历史概念是历史学习和知识建构的重要基石[1]和"支点",是历史深层思维的基本形式之一。[2]然而,历史概念学习的常态化课堂实践存在学生学习内驱力较低、概念理解有偏差、教师解读概念浅层化倾向明显、未能兼顾学生主体地位、教学评价单一性等问题,不利于建立概念之间,概念与单元核心概念、教材大概念之间的联系,限制学生学习的有效性,难以促进"五育融合"和核心素养发展,难以发挥学科育人的价值。

2022年历史新课标明确提出,运用大概念对教学内容进行有效整合。[3]大概念是若干核心概念的交叉渗透。以大概念为统摄,以核心概念为"支点",融合核心素养和学生有效学习生成,对构建高质量的历史课堂具有深远意义。本文将以八年级"近代化"专题学习为例,分角度阐述初中历史概念教学中核心素养导向和融合的策略。

一、以概念为"支点",解读内化融合学习生成

自 2022 年历史新课标颁布实施以来,寻找教育教学革新"新支点",推进学生核心素养融合发展和构建高质量课堂教学成为我国教育界学者和一线教师的共同追求。教学的"支点"可以是教学过程、方法和模式的创新突破,也可以是教学内容的结构化整合,从而成为课堂教学的依托和引领。"融合"则是核心素养界限的打破,由单一素养培养转变为各素养渗透、交融和生成。历史教学是以唯物史观为指导,以史料为支撑,通过师生协同探究活动,阐释历史现象,探知历史发展规律的过程,是一个提升核心素养的"融合体",而非单一、割裂的"教师教授和学生学习"过程。一节有深度、有广度、有温度的历史课堂必然有助于深度学习、拓展思维、提升品格,是教学相长和全面发展的有机融合。因此,"支点"的选取、创新和应用是历史教学的起步。要实现从"支点"到"融合"的转化,教师须搭建多元课堂情境,引导学生巩固旧知,收获新知,进阶思维,发展能力,解决生活实际问题,拓宽视野,熏陶情怀,以促进学生学习创新生成和核心素养渗透发展为落脚点。

大概念视域下的概念教学需要教师做到教学内容主题化和结构化,凸显深度教学[4],从分散的概念中明晰凝练核心概念。以核心概念为"支点",以基本史实为依托,分析历史现象和线索,突破知识壁垒并加以融合重组,引导学生内化概

念,能动构建新的概念框架体系,促进学生概念的有效学习和融合生成。与此同时,教师需要设计循序渐进的教学环节,以概念解读为"支点"和"跳板",化核心概念为历史脉络的"支流",以问题情境探究引发历史深层思维,以课内外实践平台激发知行合一,以教学评一体落实素养导向,破除学生"知识本位"的"最近发展区",在多样化活动中全面渗透德智体美劳融合发展,从而推进学生核心素养的转化、发展与融合。

以统编版八年级上册"近代化"核心概念教学为例,2022年历史新课标以"争取民族独立、人民解放"[5]统领八年级中国近代史的教学,其中探索"近代化"作为中国近代史教学的核心概念之一,是争取民族独立和人民解放的时代任务和线索之一。本次"近代化"专题学习通过问题情境探究归纳中国近代化的含义、历程和特点,对比中西近代化的异同点及理解中国近代化探索曲折和艰辛的原因,感悟中国式现代化的时代内涵,立足家乡发展,追寻家乡近现代化百年奋斗历程,力求克服历史概念的单一静态式的讲授。同时,以历史概念为"支点",从知识掌握出发,以学生为本,融入生活,扎根家乡,放眼世界,在问题探索中增强历史思维,在探寻历史足迹中熏陶历史情怀,在成果展示中收获成长,教学做合一,教学评一体,从而促进核心素养融合。其整体教学设计思路如图1所示。

解读分析概念有助于反映历史事件或现象本质,是历史学习的重要方法[6],也是历史探究的起始。基于初中生的身心发展特点,教师需要呈现材料和问题,引导学生解读和内化概念。解读分析"近代化"概念的第一步在于引导学生通过阅读材料,联系并归纳整合已学的相关史实,以理解概念为"支点",建立知识间的新联系,建构知识框架体系和概念认识,解决"什么是近代化""近代中国如何探索近代化""中国近代化历程呈现什么特点"等问题。基于以上思考,具体教学设计如下所述。

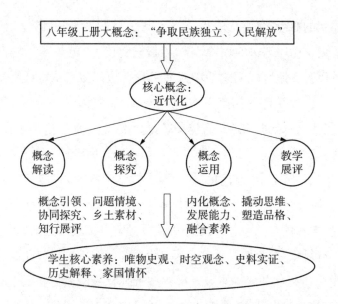

图1　大概念视域下八年级"近代化"概念教学的整体设计思路

概念先行，认识中国近代化

材料一：

所谓中国近代化是中国近代史上的资本主义现代化……资本主义工业化和民主化是它的核心内容。但由于中国的近代化是在半殖民地的社会状况下开展的，因此，它的核心含义还应增加一个民族化——反对帝国主义侵略，争取民族独立。[7]

——虞和平《试论中国近代化的概念含义》

材料二：

问题一：根据材料一，指出中国近代化的历史背景以及核心内容。（教师引导学生阅读材料，学生思考后回答）

问题二：根据材料一和材料二，并结合所学知识，中国"半殖民地"社会状况因何而来?近代中国如何探索"工业化""民主化""民族化",即如何探索近代化?请你举出相关史实作为例子。(学生观察图2,教师引导学生提取图2信息,学生思考并回答问题)

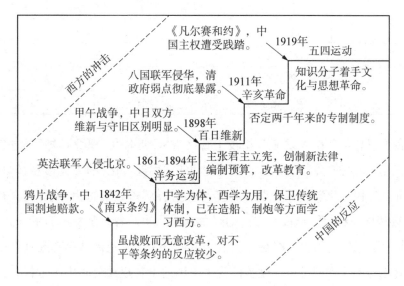

图2 中国近代史"西方的冲击"与"中国的反应"示意图

问题三:梳理中国近代化的含义和过程,结合所学知识,完成表1的填写,思考中国近代化的特点。(学生代表填写表格,集体校对,学生结合表格思考并回答问题)

表1 "列强侵略与中国近代化探索"归纳

	战争名称	时间	条约	影响(简述)
列强侵略	鸦片战争			
	第二次鸦片战争			
	甲午中日战争			

(续　表)

	战争名称	时间	条约	影响(简述)
	八国联军侵华战争			
中国近代化早期探索历程	事件名称	时间	口号	性质	探索层面
	洋务运动				
	戊戌变法				
	辛亥革命				
	新文化运动				

"授人以鱼不如授人以渔",相较于直接讲解"近代化"概念,教师通过展示有关"近代化"概念的"先行组织者",引导学生提取"近代化"的关键信息,即材料中的"工业化""民主化""民族化",并将其与"近代化"核心概念相关联,建立初步的概念和知识框架体系,形成对"近代化"的初步历史解释。随着材料的深入,教师通过设置问题链,将"近代化"融入近代中国逐渐沦为半殖民地半封建社会的历史背景,师生协同学习归纳中国逐步沦为半殖民地半封建社会和中国近代化探索的历程,并通过表格的形式落实成果展示,进一步将"近代化"概念化抽象为具体。在落实时空观念和历史解释的过程中,师生协作探究中国近代化探索的特点,即由表及里、由浅入深、层层推进、由被动到主动,进而形成对"近代化"概念整体框架的建构,促进有效学习的生成。

历史概念学习"源于学生,归于学生",概念的解读最终要回归学生理解内化、自主建构和陈述表达。通过以上的师生共同解读分析,教师引导学生从"近代化"的背景、历程、特点三个角度自主归纳,即在中国半殖民地半封建社会的历史背景下向西方学习,在经济上实现工业化商品化,政治上实现民主化法治化,思想上实现理性化科学化。为了进一步完善学生对"近代化"概念的认识,概念图示是一种较为有效的方法,如绘制思维导图、大事年表等,促进历史课堂提质增效。

总之,历史概念学习以概念为"支点",在师生协同解读分析的过程中,增进学生对概念认识"具体—抽象—具体"的渐进性发展,使其内化"近代化"概念的同时,深化对中国近代化探索历程及特点的新认识,从而促进学生学习的有效创新发展。

二、以概念为"焦点",问题情境融合深层思维

2022年历史新课标指出,以大任务、大问题来统领整个学习过程,促进学生掌握探究历史的方法途径。[8]问题情境或驱动型任务是历史教学不可分割的一部分,是学生驱动深层思维的引擎,是深度学习和核心素养培养提升的关键支撑。深层历史思维是历史学习的高阶思维,是深度学习和培养学生核心素养的基础。历史概念教学要紧扣层次性、真实性问题情境创设,利用问题情境重建历史过往,呈现历史脉络,变抽象历史概念和事件为生动活泼的探索"焦点",调动学生历史参与,唤醒其历史求知欲,自主融入历史探究,形成创新性历史表达,逐步改变单纯知识或概念复述,撬动进阶深层的历史思维,最终走向各核心素养的融合。学生是生活的人,也是社会的人,问题情境创设和深层历史思维发展最终仍要归于现实生活,观察解决生活中的真实历史问题,突出素养融合的真实性。刘徽教授曾指出,核心素养的真实性指的是"超越学校价值"的知识成果,在真实性问题情境中解决真实问题的能力。[9]这从侧面说明历史教学绝非局限在掌握课堂中的概念,探究课堂中的问题情境,而是结合现实问题,将深层历史思维迁移渗透进自主解决现实真问题之中,融合学生核心素养发展。因此,历史概念教学不只是概念认知和理解,而是以此为探究的"焦点",通过设置梯度探究问题情境,引导学生能够运用所学知识,透过现象分析历史本质,体验历史探索的魅力和乐趣,开拓学生的历史和生活视野,思考生活中相关联的问题,促进历史深层次思维的形成,落实

核心素养的培养。

放眼现实世界,"近代化"这一概念并不是中国所专有的,而是时代性的动态概念。中国和世界各国都曾经历过近代化的社会转型。然而,相较于西方近代化的历程,中国近代化由于受到时代因素影响,兼具发展性、进步性和反复性、曲折性。因此,当学生理解"近代化"概念的同时,需要对中国近代化历程的反复性和曲折性进行深入探索,进而更加全面地认识"近代化"概念,提高历史认知水平和历史思维能力。基于以上思考,具体的教学设计如下所述。

艰辛曲折,探究中国近代化

材料一:

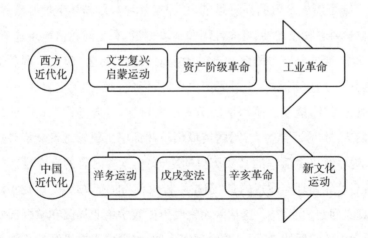

材料二:

19世纪后期,少数有远见的清朝官员倡导在中国实行"自强"运动……但他们只想保持现存的秩序而不是从根本上改造它。[10]

——[美]斯特恩斯等《全球文明史》

材料三：

戊戌变法期间，军机大臣们在为光绪帝草拟的变法诏令中，往往偷梁换柱，变换其内容；还有些官僚，对于变法诏令说"看不懂""没办过"，拒不执行。

材料四：

1911年11月5日，江苏巡抚程德全应苏州立宪派和绅商的要求，宣布独立。但是，都督府命令全省各地的原任地方官照常办事。

材料五：

反对帝国主义侵略，争取国家独立，建立平等国际关系的民族化与工业化、民主化一起，共同构成殖民地、半殖民地现代化的核心涵义。[11]

——虞和平《试论中国近代化的概念含义》

小组合作探究任务：根据上述材料，展开小组合作，思考以下问题。

(1) 中国和西方近代化历程的异同点；

(2) 中国近代化早期探索呈现反复性、曲折性的原因。（小组合作研究，教师启发、引导、归纳）

材料一的呈现主要从中国近代化和西方近代化探索历程的横向对比切入，引导学生认识到尽管中西方近代化在实现近代化的核心内涵方面的目标存在一致性，即经济工业化、制度民主化和思想科学化，但是在探索近代化的途径上却存在差异性。材料二至四则呈现了洋务运动、戊戌变法、辛亥革命的局限性，以事件的局限性为切入，以探究性材料为依托，以合作探究任务为驱动，在解决实际问题情境的过程中，使学生逐步认识到中国近代化探索反复性和曲折性的根源在于近代中国处于半殖民地半封建社会，只有争取国家独立和民族解放才是实现近现代化的根本所在。

对比联系,感悟中国式现代化

材料:

中国式现代化是全体人民共同富裕的现代化,对比深陷资本束缚、两极分化的西方现代化模式更具人民性;中国式现代化是物质文明和精神文明相协调的现代化,相较西方物质主义膨胀的发展方式更具协调性;中国式现代化是人与自然和谐共生的现代化,对照西方牺牲自然的现代化路径更具生态性;中国式现代化是走和平发展道路的现代化,相比西方对外扩张掠夺的现代化道路更具参考性。[12]

——陈淑雯《中西比较视阈下把握中国式现代化的五大特征》

任务: 请阅读上述材料,分别归纳中西方现代化的特点,结合具体事例说明"中国式现代化道路比西方现代化道路更具参考性"的原因。

"近现代化"一词的实际含义源远流长,随着社会发展,不同国家的道路抉择呈现出不同的特点和趋势。中共二十大指出,以中国式现代化全面推进中华民族伟大复兴。而近些年来,以美国为首的西方在国家治理方面尽显疲态,如经济增速低下甚至负增长、种族歧视、政局动荡、社会稳定得不到保障等;在对外交往方面显露霸道和强权,如拱火俄乌战争和巴以冲突等。这些现象追根溯源,即是道路选择的不同。历史深层思维就是要围绕生活中的历史问题和现象,刨根问底,追求其本质,理清其发展脉络。因此,设计中西现代化道路的横向对比,是要使学生在学透"近代化"概念的基础上,在对比联系中领悟中国式现代化含义的精髓并深刻认识"中国方案""中国智慧""中国担当",不仅以概念学习撬动学生深层思维,而且拓宽学生国际视野,渲染家国情怀,激发投身社会主义现代化建设的主人翁意识。这也是学科育人、"五育融合"的重要体现。

历史课堂的概念学习要紧密围绕概念本身,深挖概念的外延联系,从"是什么"到"为什么",从"为什么"到聚焦现实生活问题,让学生将概念"吃饱吃透"。在未来学习中,学生不仅能够用自己的语言阐述概念的基本含义,依据不同的历史现象,将其抽丝剥茧,剖析、概括、揭示现象背后的本质,表达自己的观点看法,还能够立足生活实际问题,将历史概念迁移至现实问题情境中,这即是历史深层思维的重要体现。对此,教师须在课堂和生活中有机融入真实问题情境,不断引导学生深度学习,激发深层历史思维,培养历史核心素养。

三、以概念为"起点",乡土素材融合家国情怀

古人常说"纸上得来终觉浅,绝知此事要躬行","读万卷书,行万里路"。陶行知先生曾经提出生活即教育,社会即学校理念,这启发我们历史课堂并不只有45分钟,其时空延伸性是无穷无尽的。相应地,课堂教学也不只是单一地教授教材上的素材,教师要主动搭建社会性学习的平台,将乡土素材链接到课堂中来,与书本上的知识相融合。乡土素材是学生身边社会发展、地理环境、人文风俗等方面的结合体,能让学生切身切实感受到家乡和祖国的发展变化,寻找社会归属感和文化自信心,激发学生爱家乡、爱人民、爱祖国的家国情怀。"将课堂知识与社会实际生活相联系,真实地感知历史,切实提高学生的核心素养"[13],这也是2022年历史新课标的题中之义。

"近代化"这一概念贯穿了中国近代的百年历程,对于张家港来说亦是如此。特别是在"中国式现代化"提出之后,张家港在实现社会主义现代化的过程中奋勇争先。可以说一部张家港市近现代的奋斗史,是中国人民争取实现近现代化的真实写照,是一部体现社会生活方方面面的"活素材"。基于以上思考,具体的教学设计如下所述。

筚路蓝缕,展望中国式现代化

实践性任务:伟大事业孕育伟大精神,伟大精神引领伟大事业。请同学们以学习小组为单位,参考表2,围绕"筚路蓝缕——张家港与近现代化道路"主题,搜集相关资料,撰写一份学习报告。(要求:主题明确、史料翔实、论证充分、表达流畅,题目可自拟)鼓励同学们将所搜集的资料进行整理,以照片集、人物小传、阅读分享、历史情景剧等多样化形式,在课堂集中展示。

表2 张家港市近现代奋斗史

时期	代表人物及事迹
旧民主主义革命时期	① 公羊寿[1889(革命时期),现张家港市锦丰镇悦来村(三圩岸)人],辛亥革命先驱者。早年追随孙中山先生参加辛亥革命上海光复起义,参加反袁之役,主笔《生计》杂志,宣传社会主义思想。[14] ② 梁丰书院创办于1894年,为地方教育事业作出重要贡献,先后培养出6位两院院士。
新民主主义革命时期	孙逊群、谢恺、茅学勤是张家港境内大革命和土地革命时期从事革命工作的杰出代表,在早期党组织的建立、组织领导农民运动等方面作出了重大贡献,他们甘洒热血、不惧牺牲的大无畏精神一直鼓舞着后人。[15]
改革开放和社会主义现代化建设新时期	中共十一届三中全会以后,张家港人用自己的行动,践行"团结拼搏、负重奋进、自加压力、敢于争先"的张家港精神。

过程设计:

① 围绕探究学习主题,确立小组分工,布置小组任务;

② 教师引导,对学生收集资料的方式提供可行的建议,如网络搜索,阅读书籍,参观博物馆、纪念馆,实地走访等;

③ 每一个小组汇总成果并在班级中展示,展示方式和内容可以多种多样;

④ 根据成果展示,教师和学生共同给予评价,设置相应的奖项。

教师不仅要让学生在概念上理解什么是"近代化",还要立足乡土资源去实地观察走访,切身感受历史上当地人民为探索建设近现代化作出的巨大努力和牺牲。学习报告、走访纪实、照片集、阅读分享、排练历史情景剧等实践性任务不仅增强了学生的历史体验感和获得感,锻炼了社会实践能力,也是其道德素养提升、家国情怀塑造、主人翁意识增强的高度凝练。对于学生来说,"教学做合一",在学中做,做中学,在做中创造生存新价值[16],不仅是课堂知识的时空跨越和拓展,也是精神上的熏陶、升华和成长,更是核心素养的塑造和融合,这是德智体美劳"五育并举"、全面和谐发展的重要途径之一。

四、以概念为"落点",一体展评融合全面发展

《学记》中曾以"教学相长"启迪教师关注教与学相互促进的重要性和必要性。2022年历史新课标注重"教学评一致性",指出历史课程评价应将培育学生核心素养作为出发点和落脚点。[17]教学评价具有导向、诊断、激励、调控和改进的作用。站在学生的角度,教学评价有助于查漏补缺,认识在知识和能力方面的进步之处和存在的缺陷,增强学习的兴趣和内驱力。站在教师的角度,教学评价有助于呈现学生素养的发展区间,寻找学生的"闪光点"和个性之处,更有针对性地帮助学生扬长避短,促进学生德智体美劳全面发展。在新课标背景下,教学评价要克服传统的硬性纸笔测试,构建多元化方式,给予学生展示自我的平台,激发学生作为教学评价主体的能动性和创造性,在落实核心素养培育的过程中,协同"五育并举",指向融合发展。基于以上思考,本次"近代化"概念学习的教学评价的设计如表3所示。

表3　八年级"近代化"概念专题学习教学评价量化表

素养目标	评价标准			学生自评	学生互评	教师评价
	1分	2分	3分			
通过阅读史料,理解中国近代化的基本含义、历程和特点。(时空观念、史料实证、历史解释)	阅读和归纳史料的能力有待提高,对中国近代化基本概念、历程和特点的认识存在模糊性。	阅读分析史料和提取历史信息的能力较强,能够掌握和复述中国近代化基本概念、历程和特点。	能够快速阅读史料并提取有效历史信息,能够对中国近代化基本概念、历程和特点形成自己的见解。			
通过阅读史料,概括中西近代化的异同,并分析中国近代化探索艰辛的根源。(唯物史观、史料实证、历史解释)	阅读史料的能力有待提高,在概括和分析中西方近代化异同和艰辛探索的根源的过程中存在一定的困难。	阅读史料并能够较完整地概括中西方近代化异同点和中国近代化探索艰辛的根源,但存在一定量历史信息的遗漏。	阅读史料并能够快速概括中西方近代化异同点和中国近代化艰辛探索的根源,表达流畅且思路明确,形成自己的见解。			
通过阅读史料,认识中西方现代化道路的特点,领悟中国式现代化中体现出的"中国方案""中国智慧""中国担当"。(唯物史观、史料实证、历史解释、家国情怀)	阅读史料并能够提取少量的特点,在表达观点方面还需增强。	阅读史料并能够提取一定量的特点,能够较为流畅地表达自己的观点。	阅读史料并能够完整地提取特点,能够流畅准确地表达自己的观点。			
小组合作,通过多种方式,完成一份学习报告并展示。("五育融合"、学生核心素养融合体现)	准备较为充分,主题较为明确,史料运用较为充分,表达较为流畅。	准备充分、主题明确、史料翔实、表达流畅,展示形式有一定的创新性。	准备充分、主题明确、史料翔实且多角度呈现,表达流畅,展示形式多样。			

该教学评价量表依据本节课的教学目标和课程标准,确保"教学评一致性",通过可视化、量化设计,贯穿本节课的教学,将德智体美劳"五育并举"理念和落实核心素养目标融入每一个教学过程。教师把课堂的主体性留给学生,通过生生和师生协同,给予学生充分的展评空间,在落实学生核心素养的过程中,促进学生全面和谐发展。

总体而言,从历史核心概念教学实践设计案例出发,探析以概念为"支点",促进学生核心素养融合和指向全面发展的初中历史概念教学实践策略,需要注意以下几个方面。第一,关注学生素养目标融合。历史学科的核心素养是不可分割的有机整体,片面、单一、割裂的情况则无法有效体现课程的育人价值和落实立德树人的根本任务。教师设计课堂教学应有素养目标的指向性,教学过程和环节构思兼顾素养目标融合性,知识和能力并重,思维进阶和创新意识并重,意志品质和社会实践并重,落实学生全面发展的目标。第二,厘清知识联系,有效支起概念"支点",以概念引领助力有效学习。教师设计课堂教学应明晰每一节课的知识联系,整合课题、单元、教材的线索脉络和概念结构框架,凝练大概念、核心概念和主题,力求概念"支点"的有效性和可探究性。第三,以生为本,以情境性课堂促进学生全面发展。过往概念教学容易忽视学生的主体地位,学生缺乏概念学习驱动力,课堂参与度较低。教师应在构建概念"支点"的基础上,创设课堂情境,以开放的探究性活动培育融合学生的核心素养,知行合一,学以致用。第四,注重乡土资源和校本课程开发,面向学生全面发展。概念教学应引入生活性素材,融入社会情境,使学生在体验感悟历史、解决生活问题中磨炼能力,增强责任感和使命感,提升家国情怀。第五,教学评一体化,融合素养目标,指向学生成长。教学评价应成为历史概念教学的重要阶梯,着眼多元化、过程化、整体化,把握及时性、发展性。学生在教学评过程中体验乐趣,增强自信,收获发展。

"路漫漫其修远兮,吾将上下而求索。"初中历史概念教学从"支点"走向"融合"任重而道远,大概念统摄和核心概念解读、概念教学与情境创设、历史概念与多学科概念融合仍然是探究和实践的方向。在新课标背景下,落实学生核心素养,培养知识能力,塑造道德品质,需要立足学生的整体性、发展性,以面向全面和谐发展为前提,平衡各素养的有机融合,做到学科育人,促进师生共同成长、共同成就。在这个实践过程中,既有生趣盎然的生动知识,也有高质高效的能力培养,更有真实真切的情感体验和道德指引,最终形成一个"生活向""素养味"的教学生活"融合体"。

参考文献

[1] 邓凌雁. 厘清历史概念,撬动深层思维——论初中历史概念教学的实施策略[J]. 中学历史教学,2022(1):19-21.

[2] 黄牧航. 中学历史概念教学的实践反思[J]. 历史教学(中学版),2023(5):8-14.

[3][5][8][13][17] 中华人民共和国教育部. 义务教育历史课程标准(2022年版)[M]. 北京:北京师范大学出版社,2022:57,61.

[4] 陈志刚,王继平. 大概念的理解与教师备课[J]. 历史教学(上半月),2020(9):37-43.

[6] 陈金国. "民族资本主义"概念解读与时空观念素养培养[J]. 中学历史教学,2022(2):46-48.

[7][11] 虞和平. 试论中国近代化的概念涵义[J]. 社会学研究,1991(2):111-117.

[9] 刘徽. 大概念教学:素养导向的单元整体设计[M]. 北京:教育科学出版社,2022:13.

[10] 皮特·N. 斯特恩斯,等. 全球文明史(第三版)[M]. 赵轶峰,等,译. 北京:中华书局,2006.

[12] 陈淑雯. 中西比较视阈下把握中国式现代化的五大特征[J]. 唯实,2023(6):19-22.

[14] 张家港市第十二届政协一次会议提案第85号:关于设立公羊寿塑像暨纪念馆的建议[EB/OL].(2017-12-07)[2024-04-25]. https://www.zjg.gov.cn/zjg/zxta/201712/bef1f56372194bf6af225c91989fc49b.shtml.

[15] 张家港三烈士初步入选《中共江苏党史人物传》[EB/OL].(2017-12-07)[2024-04-25].https://www.zjg.gov.cn/zjg/bmdt/201712/b48f8117fe244c21af266fd9c0b5f014.shtml.

[16] 严立明,邹开煌.陶行知教育思想在新课标中的映射及教学启示——基于《义务教育历史课程标准(2022年版)》的解读[J].生活教育,2023(3):30-33.

赵波　江苏省张家港市港区初级中学　初中历史教师　教龄2年

6. "五育融合"视域下小学美术教学的探索与实践

"五育融合"视域下的小学美术教学实践,从序列化、结构化的美术课程教学入手,通过"五个融合""三条路径""三种策略"打破学习主体的边界、打通学习内容的边界、拓宽学习空间的边界、突破创新思维的边界,改变学习方式与教学方式,实现以美育人、融合育人,在交叉融合中提升批判性思维、沟通表达、创意表现、协同合作的关键能力和必备品格,促进学生核心素养的全面提升。

一、"五个融合"架构小学美术"五育融合"内容体系

《义务教育艺术课程标准(2022年版)》提出,重视以大概念为核心[1],使内容结构化,以主题为引领。本研究根据课程标准、中国学生核心素养、本校项目化学习图谱、本校"五星五育"评价体系,同时依据上教版美术教材,基于大概念驱动的美术单元课程,分别从"美术与自我表达""美术与自然物象""美术与艺术创造"

"美术与美化生活""美术与文化理解"五个维度,架构第一学段、第二学段五个年级 30 个单元主题的项目群。其中,项目大概念需统领美术学科关键技能,适合不同年段的持续探究,并与学生的真实生活紧密关联,能解决或改善真实问题,同时与相关领域形成高连接,满足多元艺术需求。项目设计序列化,每个维度至少包含六个项目,覆盖十册美术教材内容,体现项目的序列化特点。项目结构化设计考虑学生年龄特点和学习要求难易,从低年级到高年级递进,通过大概念融入项目课程,促进学生持续理解,发展核心素养,增强迁移应用和解决问题的能力,体现学习内容的结构化。

  本研究总体架构项目群紧扣美术学科教学内容进行重构与拓展,旨在实现课程的纵、横双向贯通。项目群从"点"到"面",再到"立体"的呈现,不仅体现了基于大概念的美术教学理念,也为教学案例的形成提供了可能,有助于优化改善学科课程教学体系。在此过程中,我们注重建立合理的评价机制,关注学生的学习经历,重视学生的全脑开发,激发学生的学习兴趣与创造能力。同时,将"大概念"融入整个项目,体现美术学科的审美性、情感性、实践性、创造性与人文性,让学生系统地知美、识美、会美、爱美。通过学科、教材、活动、价值、方法"五个融合"[2],实现以美育德、以美启智、以美育人、以美健体、以美促劳的育人理念。

  一是学科融合。在教学中打破传统学科边界,从"超学科活动课程、超学科学习空间、超学科学习模式"三个方面探索如何实现融合育人。例如,教师设计以环保与艺术为主题的"规划未来社区"项目,让学生在创作环保主题的美术作品的同时,学习相关的自然科学知识,理解人与社区和谐共生的重要性,以及如何通过艺术提高公众的环保意识。这样的跨学科项目不仅提升学生的美术技能,还能增强科学素养和道德责任感。

  二是教材融合。在教学中不仅仅局限于单一教材,而是将多种教学资源和内容进行整合,以实现更全面的教育目标。例如,教师可以将美术教材与语文教材相结合,让学生在创作一幅描绘古诗意境的画作时,深入理解诗歌的内涵和情感,同时锻炼他们的语言表达能力。通过这种融合,学生能够在美术创作中体验到文学的魅力,从而更全面地理解和掌握教材内容。

三是活动融合。通过特定的活动实现不同教育目标的整合。例如,学校德育校本课程"博悟行·科创梦",从科学探索、实践创新、责任担当、家国情怀等方面开展项目化学习活动,培养学生的科学志向与素养,体现育人价值。例如,在"校园文化节"活动中,学生不仅参与美术作品的创作和展示,还参与音乐、舞蹈、课本剧等其他艺术形式的表演。这样的活动不仅能够培养学生的审美和创造力,还能锻炼他们的团队合作能力和社会实践能力,实现德智体美劳全面发展。

四是价值融合。在教学中融入对学生价值观的培养,使其成为教学内容的一部分。例如,教师在"水墨职业人物"美术项目中引导学生创作反映社会公平和正义的作品,如描绘不同职业人群的辛勤工作,强调每个职业的重要性和尊严。通过这样的创作活动,学生不仅能够提升美术技能,还能够培养对不同社会群体的尊重和理解,形成正确的价值观。

五是方法融合。在教学中采用多元、多样的教学方法,以适应不同学生的学习需求和风格。例如,教师在美术教学中灵活运用交互、探究、合作、综合实践、项目化学习等多种教学方法,让学生在不同的学习活动中体验和掌握美术知识和技能。通过这种方法融合,教师能够更好地激发学生的学习兴趣,提高他们的学习效率,同时也能够培养学生的创新思维和问题解决能力。

二、"三条路径"贯通小学美术"五育融合"实施场域

项目只有融入课程,才有广阔的施展空间;项目只有融入课堂,才有坚实的深耕土壤;项目只有融入活动,才有无限的活力与生机。本课题项目的核心素养需

在课程、课堂、活动中落地。因此,五个维度分别在两类课程中得以落地,其中"美术与自我表达""美术与自然物象""美术与艺术创造"维度的项目在国家课程中实施,"美术与美化生活""美术与文化理解"维度的项目在校本课程中实施。

路径一:融入美术课程内容

根据国家课程中的美术教材、学校校本课程,结合生活实际进行选取或重组单元,提炼大概念。依据学科课程标准、教学基本要求,以大概念引领、项目化学习实施要素作为学习设计和实践的逻辑起点,准确把握核心概念、核心目标、核心素养等元素,在常态的学科课堂中开展项目化学习活动。[3]

以美术四年级第二学期第一单元"过年的回忆"项目化学习为例。首先,重组单元,提炼大概念。通过解读教材与教学基本要求,在知识点和概念之间建立联系。通过分析学科核心概念,将其延伸至现实生活,提炼学科和社会的大概念,这样自下而上,从教材、知识点和学科概念开始往上寻找适切的上位概念。其次,明晰目标,整体设计。入项(如何传承和留住我们生活中的传统节日)—大概念、本质问题(构思创作、传统节日)—驱动性问题(如何绘制一本有特色的传统节日台历)—探索实践(课外调查、课内实践成果)—成果展示(个人主题画、集体台历、电子屏宣传画)—评价评估(评价量表、问卷评估)。再其次,分解课时,提供支架。适时提供美育资源库中的传统节日素材、主题画创作方式、台历款式、评价表等支架。然后,围绕子问题开展项目实践。查阅图书、视频、博雅资源库等,以个人的"传统节日主题画创作"和团队的"传统节日台历、校园电子屏宣传栏"进行公开成果展示。最后,评估改进,项目出项。小组展示分享制作的传统节日台历,听取评价与建议,进行反思与改进。这种新颖的课堂教学深受学生喜爱,效果甚好。

路径二:融入美术课堂学习

根据课程内容重构系列主题,提供学习支架。如何延展美术项目化学习?对此,整合博物馆资源,在综合实践活动的基础上进一步拓宽本土资源,开展馆校合作项目化学习，让综合性、实践性的学习更真实、更深入，在实践中取得了很好的效果。

以博物馆校本课程中的"中草药绘本"为例。教师设计驱动性问题："如何绘制一本中草药古籍绘本？"并据此设计子问题："中草药与生活有什么联系，有什么功效？生活中哪些中草药适合入画，有哪些表现形式？如何像画家一样用水墨表现中草药？如何制作古籍绘本？"要解决这些子问题，单靠课堂与本校教师是不够的。教师利用学校地处张江高科技园区的优势，与上海中医药大学中医药博物馆开展馆校合作，为项目化学习提供真实情境与资源支架，如探访中医药博物馆、提供探究引导任务单、引导百草园写生、国画家示范讲解、专业人士指导线装绘本等，使本项目学习更专业，进一步提升了学生学习的兴趣和成效。

路径三：融入美术学科活动

抓住本校美术教育的契机，从学生视角出发整体架构美术艺术活动，开展美术学科项目化学习，让学生的美术学习活动呈现出主动、探究、合作、问题解决等学习方式的转变。将艺术展演、假日小队考察、亲子研学等活动与真实生活情境紧密结合，为学生创设解决生活真实问题的实践场景。

以建党百年"致敬盛世年华"线上艺术节美术展活动为例。教师创设了符合当下主题的真实场景，结合国家提出的"2035年愿景目标"，回顾历史，大胆畅想祖国未来的美好愿景。在学生问题群的基础上梳理问题类别，形成驱动性问题"如何设计一件创意作品表现2035美丽图景"，然后再设计子问题，让学生利用美育资源库等途径查找信息与创作素材，通过持续性思考、调查、探究、实践，运用各种方法完成作品创作。作品有体现英雄年代元素的水墨画、色彩明快的装饰画、想象力丰富的儿童画、天真稚拙的版画等。最终成果通过校园网呈现，师生欣赏并提出建议，作者进行反思改进，最后出项，形成闭环。学生在项目化学习中增强了学习动力，提高了综合能力。

三、"三个策略"创新小学美术"五育融合"教学模式

(一) 大概念支持下的整体设计策略

小学生学习能力相对较弱,合作学习意识也不强,合作习惯还需培养。在小学开展美术项目化学习,需要在"教学评一致"[4]整体设计的基础上实践。本研究通过内容(现实生活和真实情境中的问题或任务)、活动(学生解决问题的探究行动)、情境(探究与体验学习场景)和结果(获得的关键技能与必备品格)四个架构层面实践项目化学习的设计与开发。

1. 大概念的提炼

威金斯和麦克泰格认为大概念可以是一个词、一个句子或者一个问题。但一般是一个句子,这是因为大概念是要促进理解的,如果仅给一个词,对于学生很难起到这个作用。因此,本课题中的大概念结合项目主题,将图1中核心要素的词语转化成句子,将小概念与上位的大概念进行联结,有利于学生"持续理解"。[5]

例如,对于社会类大概念中"传统文化"这一词,学生很难理解其意义与作用。对此,在大概念关键词的基础上转化成句子,将"传统文化"大概念,在第一学段表述为"中国传统工艺是中华民族文化艺术的瑰宝",在第二学段表述为"中国传统美术具有强大的生命力和凝聚力",显然更利于学生"持续理解"。在第二学段"传统节日文创秀"项目中,根据项目与学生实际情况,与上位大概念进行联结,再提炼为"中国传统节日文化有着强大的生命力",更易于学生"持续理解"和"迁移应用"。

2. 大概念融入学习目标

进入素养时代,从教与学的方式来看,项目化学习是支持学生通过解决真实问题培育素养的一种教与学的新样态。它以真实问题激发学生主动学习,以高阶

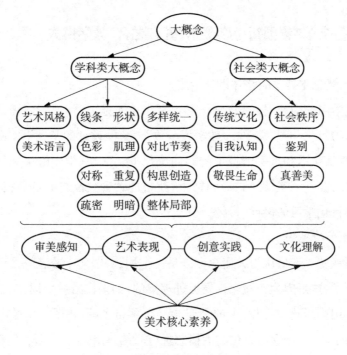

图 1　本研究大概念关键词列举

学习带动低阶学习。对此,教师需要重新认识和理解"课程与教学"。《义务教育艺术课程标准(2022年版)》强化了课程育人导向,基于义务教育培养目标,将党的教育方针具体化、细化为美术课程应着力培养的核心素养,包括审美感知、艺术表现、创意实践、文化理解等,体现正确价值观、必备品格和关键能力的培养要求。因此,本课题的美术项目化学习课程与教学的学习目标,包括知识目标、技能与过程目标、理解目标、品格目标。[6]

- 将大概念渗透到学习目标中。

- 将大概念与核心问题联结。
- 将大概念融入真实情境问题的解决。
- 将大概念融入项目学习的评价。

案例:"青花瓷器博古架"

设计思考:在项目学习中提升学生的美术学科核心素养,需要发展学生的美术思维,形成独特的美术概念,包括探究、观察、制作、展示、评价等。核心素养本位的美术学科项目化学习课程,其最关键的是培养创造性思维、批判性思维及解决问题能力。如何让学生形成这些核心素养?这对师生而言都不是一蹴而就的,需要教师转变观念,提高站位,改变课程教学行为。在项目案例设计中,理清与理解大概念是关键,将大概念转化成核心(基本)问题,师生再根据真实情境的驱动性问题商定问题链。

大概念:青花纹样可以装饰生活,具有强大的生命力。

基本问题:如何用青花纹样设计装饰生活用品?

驱动性问题:上海博物馆的瓷器馆展品非常素雅精美,如何将青花纹样融入我们的生活,不断进行传承与创新?

子问题1:你知道青花纹样有哪些题材和寓意?

子问题2:青花纹样的装饰方法有哪些?

子问题3:如何用青花纹样的装饰方法有创意地设计装饰生活用品?

美术教师为改变"一课一练"的现状,从单元角度实施课程设计,将大概念渗透进课程设计并转化成学习目标是很好的抓手。[7]知识目标反映学生"知道什么",侧重于事实性知识;技能与过程目标反映学生"能做到什么",侧重于程序性知识,如绘画、泥塑等产品,通过表现性任务来评估;理解目标主要从大概念角度细化学生深入理解的大概念,即"理解为什么",能应用所学知识与技能,解释他们的想法并迁移;品格目标,也称为思维习惯,包括价值观念、情感态度、开放心态,如文化自信、好奇心、毅力、创意、回应、质疑、合作与领导力等。

知识目标:
- 了解青花瓷的历史演变和文化内涵;
- 知道青花纹样的特点、题材和寓意;
- 知道青花纹样中圆形适合纹样、分层构图的装饰方法。

技能与过程目标:
- 学会青花纹样在不同造型上的装饰方法;
- 能结合现代审美,创新表现青花纹样,有创意地设计、装饰生活用品;
- 能运用美术语言将青花纹样用于设计、装饰生活用品,表达个人对传统纹饰的情感。

理解目标:
- 观察理解青花纹样,培养审美情趣,提升审美评价能力;
- 欣赏理解传统青花纹样的文化内涵及装饰方法。

品格目标:
- 共同感悟青花纹样为日常物件带来的美,增强文化自信和民族自信;
- 激发创意思维,运用纹饰设计生活物件,提高实践与创新意识。

3. 大概念融入过程与评价

美国教育学专家林恩·埃里克森和洛伊斯·兰宁提出的"概念本位的课程"[8]理念("KUD")强调通过素养导向,达到为理解而教、为理解而学的目的。

上海教育出版社《美术》教材第九册中"纸艺模型""都市景观"两个单元重构的"规划未来社区"项目单元就是依据"概念本位的课程"理念,运用"K(知道)——U(理解)——D(能做)"模式进行设计的一个典型案例。[9]

(1) 了解2022版艺术课程标准的学业水平标准

在策划课程项目单元时,教师首先需要熟悉2022版艺术课程标准中相关学段的学业水平标准。然后,应明确概念,并为学生创造深度学习的机会。在问题探究阶段,教师要设计能够引发学生深入思考和探索的问题。单元学习链被视为学习过程的重要维度,同时也是引导学生深度学习的手段。在项目单元学习中,概念的提炼应围绕学习内容中涉及的核心概念展开(见表1)。

表1 "规划未来社区"单元概念提炼

项目单元主题	规划未来社区		项目长度	课时
聚焦概念	人居环境与社区和谐共生的关系	本项目单元所期望达到的学段水平标准		
探究问题	● 你喜欢的上海地标建筑有什么特点? ● 人们与石库门建筑有什么关系? ● 如何规划设计一个宜居的未来社区? ● 如何表述人居环境与社区和谐共生的关系?			
单元学习链	理解—反思—创造—迁移			
概念	艺术表现要素:点、线、面;透视、近景、中景、远景;艺术家设计方案要点、意图、主题、层次、结构、功能、传统与创意;立体模型的造型、技法、组合等			

(2) 大概念提炼与问题设计

教师需在设定"我的学生会理解……"时提炼大概念,即学生在完成项目单元后应理解的重要观点。在确定"引导性问题"时,教师要设计能引导学生深入思考的问题。在问题设计中,区分"事实性问题"和"概念性问题"是关键。事实性问题通常是明确的、具有唯一答案的问题,而概念性问题则更倾向于开放性,答案可能不唯一,如表2所示。

表2 "规划未来社区"单元的问题设计

概括 我的学生会理解	引导性问题	
	事实性问题	概念性问题
不同时期、不同地区有着不同的建筑风格与特点。	地标建筑有哪些风格?(围合式、哥特式、罗马式等)	不同的地标建筑有着哪些不同的风格、特点与人文风貌?
运用纸和其他材料创作立体模型可以表达自己的想法。	用哪些技法可以让纸变得立体和凹凸?(剪、刻、推、拉等)	如何表达自己新颖、独特的立体造型模型?
人居环境与社区和谐共生的关系,以及如何表述。	如何介绍小组立体模型的设计意图?(主题、意图、结构、功能)	如何分享并改进小组立体模型的独特与创意,可持续社区怎样让人们生活得更美好?

(3)确定单元的关键知识与关键技能

在设计"评论性内容:我的学生将会知道……"时,教师需明确本单元的关键知识内容,即学生必须掌握的关键信息。在设计"关键技能:我的学生将能够做到……"时,教师需要确定本单元学生必须具备的关键技能,如表3所示。

表3 "规划未来社区"的评论性内容和关键技能

评论性内容: 我的学生将会知道……	关键技能: 我的学生将能够做到……
景观的取景、透视; 立体模型的造型与技巧; 表达设计意图的方法。	能探究社区现状与问题并据此设计方案; 运用不同材质与媒介制作未来社区模型; 表达可持续未来社区模型的创作意图,及人与社区的关系

(4) 制定评估和评价量规

单元评估应反映学生对关键概念的理解程度和运用这些概念的能力。评估表格包含了学习本单元后学生需理解的评论性语言,其中包括学术性词汇和技术性词汇,如表 4 所示。

表4 "规划未来社区"单元评估和评价量规

评论性语言(这是学习特定学科所特有和必要的)	
学生陈述、展示、运用和理解评论性语言的能力	运用纸立体表现方法和技巧,创作出新颖、有创意的未来社区立体模型。
学术性词汇	可持续发展的社区与人居环境和谐共生、息息相关。
技术性词汇	社区立体模型制作与技法、造型、功能、组合有关。

(二) 有序实施策略

"五育融合"视域下,教师通过"提炼核心问题—对应核心知识—设计问题链—引导多样实践—展示个性作品—回顾总结评估"六个环节进行美术学科项目化学习设计与实施,实施"灵感激发—素材筛选—创意表达—作品打磨—成品赏析"五步操作流程(见图 2)。

1. 灵感激发

教师的核心任务是激发学生的好奇心和创造力,让他们对美术项目产生兴趣。通过构建真实情境和积极的班级文化,教师运用多样化的活动、支架、工具,引导学生提出驱动性问题并进行深入探究。这一过程鼓励学生主动发现问题、理解问题并分析问题,为后续的项目实践打下坚实的基础。

2. 素材筛选

学生通过实地考察或情境模拟,利用采访、调查、写生等多种方式收集项目相

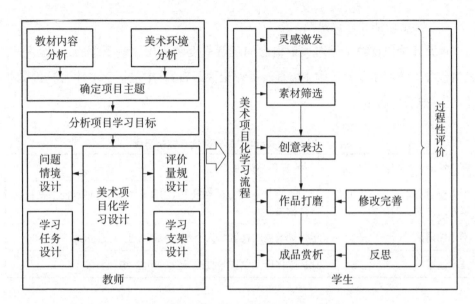

图2 本研究项目设计与五步操作实施流程

关资料。他们将这些资料进行整理和筛选,并通过网络平台、图书馆等渠道进一步丰富信息资源。学生在此过程中学习如何制作和利用资料档案袋,掌握资料整理和归纳的技能,为项目提供丰富的素材支持。

3. 创意表达

创意表达是项目的灵魂,学生在此阶段将所学知识和个人理解转化为具有创意的艺术表达。他们运用不同的艺术语言、材质媒介和表现形式,如绘画、雕塑、视频等,进行多元体验和创作。这一过程不仅要求学生理解项目资源,更鼓励他们以创新的方式表达个人思想,使作品富有深度和意义。

4. 作品打磨

学生不仅关注作品的展示和交流,也注重反思与改进。通过工作坊、报告会、校园剧等不同形式,学生展示和交流自己的作品,听取他人的建议,进一步打磨和完善。这一过程培养学生的批判性思维和持续优化品质,使他们学会如何从反馈中学习和成长。

5. 成品赏析

学生通过汇报、分享和反思,对作品成果进行赏析,评价学习过程,反思项目收获。采用自我评价、调查问卷、作品展示、档案袋评价等多种评价方式,学生主动参与到评价过程中,这不仅是对项目成果的总结,也是对整个学习过程的深化。通过这一环节,学生能理解学习路径,促进知识迁移和应用,实现深度学习。

(三) 技术赋能"四个跨"策略

"双新"背景下信息技术与跨学科的深度融合显得尤为重要,不仅要关注技术如何融入学生学习的体验、探究、理解、内化、迁移和应用过程;还要致力于促进学科思维的发展。本研究选择美术与信息技术高联结的内容,探索跨学科融合育人新范式。

1. 技术赋能"跨内容"

在美术学科中以信息技术赋能教学,极大地丰富了教学内容和方法。例如,在五年级的漫画教学中,学生不仅可以在纸上绘画,还可以通过软件制作电子定格漫画。这种跨学科的学习方式,不仅锻炼了学生的美术创作技能,还提升了他们运用信息技术的能力。在社团活动中,通过电子绘画项目化学习,学生能够体验到传统绘画与现代科技的结合,既有笔触感还有科技感,激发自身对美术和信息技术的兴趣,促进关键知识的迁移和应用。在信息技术学科中注入美术造型元素,如设计课程表时对其进行美化,实现了美术与信息技术的有效结合。在3D社团活动中,学生可以尝试3D打印模型后再进行创意制作,这样的项目化学习不仅提高了学生的动手能力,还激发了他们的创新思维。

2. 技术赋能"跨空间"

针对小学生的年龄特点和认知规律,教师有意识地引入或创设真实场景,以激发学生的学习兴趣。在美术项目化学习中,信息技术被用来创设虚拟现实场景,如线上博物馆,让学生能够身临其境地体验和探究,从而提高学习效率和艺术人文素养。另外,云端画廊和电子画廊的创建,为学生提供了一个展示和交流作品的平台,这种新型的展示方式不仅具有视觉冲击力,还增强了教育的互动性和参与感。还有运用动感模拟空间,在"走进名作"项目中,教师采用虚拟与实体结合的教学方式,通过预先观赏"星月夜"虚拟场景和互动平台,如电子画廊和动感视频,引导学生深入理解梵高作品的动感线条。这种混合式学习激发了学生的艺术兴趣和创作思维,提升了他们的综合素养。

3. 技术赋能"跨思维"

在项目化学习中,教师利用信息技术开发和筛选适合学生探究学习的资源。例如,在"毕业友谊卡"项目中,教师通过互联网资源,如"空中课堂"和权威网站,进行个性化资源的重组,构建清晰的知识体系思维导图,从而促进学生的自主探究学习。此外,通过"分秒微课""二分钟看艺术"等短视频资源,在短时间内演示复杂的操作过程,帮助学生解决学习中的疑惑,提高学生的学习效率,激发其审美感知和创意思维。通过这些方法,教师有效地将信息技术融入教学,培养了学生的综合素养。

4. 技术赋能"跨主体"

信息技术的应用还体现在促进学生之间的合作互动上。在"与青铜纹饰对话"项目中,教师利用在线教学平台,如ClassIn软件,实现了一键分组讨论和实时录屏。这样的互动学习方式打破了传统的个体学习模式,形成了学习圈团队的互动学习。教师还可以利用网络会议平台的各种功能,如对话框、语音、投票等,进行多样化的互动交流。此外,通过智慧校园平台的多功能应用,如答题卡、讨论、语音、图片等,教师能够增强学生的学习参与度,同时通过电子档案袋进行多维评价,形成综合素质报告,从而实现精准教学和项目评估。

综上所述,信息技术在美术与跨学科教学中的应用,不仅增强了学生的学习体验,还促进了学生综合素养的发展。通过技术赋能,教师能够更有效地设计和实施教学活动,实现学科间的深度融合,培养学生的创新能力和实践能力。

四、"五育融合"视域下小学美术教学的总结与反思

在"五育融合"视域下的小学美术教学探索中,我们认识到高质量的教学内容是激发学生主动性和深刻理解的关键。实现"融合课堂"需要在共同育人价值的指导下,重构知识体系、课程和教学方法,开发以学生为中心的学习资源。我们强调"五育融合"不是简单的内容叠加,而是要实现深度渗透和有机整合,触及学生心灵深处,与人的理性、情感和价值观紧密相连。在教学实践中,教师应不断探索学科内深度性和学科间融通性,实现"五育"与情景、问题、需求的紧密关联。

(一) 研究总结

1. 学生学习方式的转变与核心素养提升

在项目实施过程中,学生学习方式的变革显著促进了核心素养的提升。学生展现出更强的自主学习能力和问题解决能力,能在成果展示中积极听取并吸纳多方意见,面对挑战时展现出坚韧不拔的态度。项目化学习框架的实施,使学生在探究、实践、展示中形成了跨学科视野,批判性思维、创新能力和团队协作能力均得到显著提升,进一步激发了学生对美术学习的兴趣和热情。

2. 教师教学方式的转变与专业素养发展

教师教学方式的变革有效促进了专业素养的提升。教师掌握了项目化学习

的核心要素与关键流程,实现了从知识传授者向学习引导者和设计者的角色转变。通过设计项目引导学生自主探究,教师在实践中深化了对学科知识的理解,专业素养得到了全面提升。

3. 学校教育内涵的深耕与教育高质量发展

"五育融合"视域下美术教学的成功实施,对学校教育内涵产生了深远影响,推动了教育的高质量发展。项目化学习注重学科知识与实际问题的结合,使学生培养的不仅是学科素养,更是多方面的综合素养。这一深耕过程丰富了美术教育内涵,提升了教育质量,为学校教育的高质量发展奠定了坚实基础。

(二) 研究反思

1. 深度融通:构建跨学科的核心内容

在"五育融合"的教学模式中,我们认识到跨学科核心内容的构建是实现教育目标的关键。这一过程要求教师超越传统学科边界,将美术与道德教育、智力发展、体育、劳动教育等领域有机结合起来。操作要点包括:识别和整合各学科间的共通点,设计以问题解决为中心的教学活动,以及创造情境让学生在实践中体验和理解知识的应用。这种深度融通不仅丰富了教学内容,也提升了学生的综合素养。

2. 学生中心:拓宽参与式学习方式

"五育融合"视域下的小学美术教学强调以学生为中心,拓宽参与式学习方式。这意味着教师需要设计多样化的学习活动,如项目化学习、合作探究、反思性讨论等,以适应不同学生的学习风格和需求。启发性的操作要点包括:鼓励学生主动参与学习过程,提供选择性学习路径,以及利用信息技术工具增强学习的互动性和趣味性。通过这些方式,学生能够在积极参与中发展批判性思维和创造力。

3. 教师角色:深度理解的设计与实践

教师在"五育融合"教学中的深度理解和设计实践是提高教学质量的基石。教师不仅是知识的传递者,更是学习的引导者和课程的创造者。在实践中,教师需要不断反思和调整教学策略,以确保教学活动能够有效地促进学生的全面发展。具体而言,经验体会包括:持续专业发展,以保持对最新教育趋势的敏感性;与同行协作,共享最佳实践;积极寻求反馈,以优化教学设计。通过这些努力,教师能够更深入地理解"五育融合"的内涵,更有效地实施教学,从而促进学生的全面发展。

我们期望"五育融合"能成为时时、处处、人人的高效度、高质量融合,为学生的全面发展奠定坚实基础。

参考文献

[1] 中华人民共和国教育部. 义务教育艺术课程标准(2022年版)[M]. 北京:北京师范大学出版社,2022:3-13.

[2] 朱黎兵. 面向未来:五育融合视域下美术跨学科项目式学习[M]. 厦门:海峡文艺出版社,2023:1-10.

[3] 夏雪梅. 项目化学习设计:学习素养视角下的国际与本土实践[M]. 北京:教育科学出版社,2018:130.

[4] 胡知凡. 核心素养与世界中小学美术课程[M]. 上海:上海教育出版社,2020:280-291.

[5] 刘徽. 大概念教学:素养导向的单元整体设计[M]. 北京:教育科学出版社,2022:37.

[6] McTighe J, Ferrara S. Assessing Student Learning by Design Principles and Practices for Teachers and School Leaders [M]. NewYork: Teachers College Press, 2021.

[7] 李力加. 美术课为什么要这样上:指向核心素养本位的美术单元教学设计与实践[M]. 南昌:江西美术出版社,2022:3-13.

[8] 林恩·埃里克森,洛伊斯·兰宁.以概念为本的课程与教学:培养核心素养的绝佳实践[M].鲁效孔,译.上海:华东师范大学出版社,2018:19.
[9] 胡知凡.核心素养与世界中小学美术课程[M].上海:上海教育出版社,2020:273-275.

杨静　上海市浦东新区第二中心小学　美术教师　教龄28年

7. 四路共融：小学科学与劳动教育相融合的实践研究

在科学教学的过程中，教师发现很多学生存在基本劳动技能缺失的现象，究其原因，主要在于教学支离破碎、鲜有练习和兴趣缺乏等。基于此，笔者以学科融合为指引，在小学科学教学中融入劳动教育，这与课程方案提出的至少将 10% 的课时用于设计跨学科主题学习的理念相契合。通过在常态课、拓展服务课、科技活动和项目化作业中融合等措施，真正将课程协同育人落到实处，培养学生成为适应未来发展的建设者和接班人。

一、现状透视：融合之必要性阐述

笔者在进行五年级上册《科学》的光单元"认识棱镜"一课的教学时，设置了一个让学生制作彩色轮的实践活动。该活动需要学生将棉线穿过彩色圆形硬纸板的小孔，然后打结。但是，就是打结这么一个细小的操作，大半的学生被难倒了，纷纷举起手来说"老师,我不会打结,请帮我打个结"。

学生打绳结这一生活中普遍用到的劳动技能的缺失,导致笔者在"认识棱镜"这一课时的教学安排和节奏被打乱了。笔者课后对这一情况进行了思考。

(一) 分科教学,缺有效连接

传统的分科教学模式人为地划分出不同的学科,导致各个学科之间相互隔离,缺乏跨学科的交流和合作,限制了学生对知识的系统性理解,也限制了他们用多学科知识创造性解决实际问题的能力。

(二) 流汗流泪,缺兴趣激发

劳动的过程是非常艰辛的,劳动技能的习得也不是一蹴而就的,对于累的、有困难的事情学生天生是存在惧怕和厌恶情绪的。少数家长和老师还会利用劳动对学生进行惩罚,这对于正确劳动观念的形成也是非常不利的。

(三) 学习紧张,缺动手实践

在传统应试教育的影响下,劳动教育被不同程度地淡化与弱化,家长普遍关注孩子的考试成绩,认为应该全身心地将精力放在文化课的学习上,不喜欢孩子把时间花在劳动上,致使学生参加劳动的机会比较少。

如何更好地落实劳动教育,培养德智体美劳全面发展的新时代建设者和接班人?《义务教育科学课程标准(2022年版)》提供了新的指引。[1]身为科学教师,笔者尝试用融合的教学理念来改进教学,通过"四路共融",即"在常态课、拓展服务课、科技活动和项目化作业中融合"四条路径,将科学和劳动教学进行融合,即"科劳融合",帮助学生在"走向融合"的教学中连接知识、提升兴趣、增强实践,形成适应未来发展的正确价值观、必备品格和关键能力。

二、相倚为强:融合之多路径实施

(一) 常态课程中融合,让学习"深"起来

小学科学课程的内容和人们的日常生活非常贴近,其中的很多教学内容与劳动教育息息相关。在实施这部分科学内容的教学时,笔者通过在科学教学的不同环节有机融入劳动教育元素的方法让学科之间有效联结,让学生有更多接触劳育的机会。

1. 情境创设时融合,学习兴趣"升"了

科学来源于生活,又应用于生活。通过再现生活中常见的劳动场景,让学生在切身感受下产生共鸣,并被真实情境问题所吸引,激发学生的兴趣和求知欲望。

例如,在六年级下册《科学》"产生气体的变化"一课导入环节中,笔者通过出示水龙头和电热水壶的照片唤醒学生的已有经验——水龙头和电热水壶上的水垢很难去除,进而形成探究问题:"如何用家中简单的材料去除水垢呢?"在引入新课环节,利用这样的劳动经验创设出的场景激发了学生的好奇心和求知欲,让学生在轻松自由的氛围中为了解决问题而学,提高了学习效率。

2. 探究活动时融合,学习能力"强"了

劳动课程标准总目标中强调学生要能从目标和任务出发,系统分析可利用的资源和约束条件,制定具体的劳动方案,发展初步的筹划思维和设计能力;能使用常用工具与设备,采用一定的技术、工艺与方法,完成劳动任务,形成基本的动手能力。[2]这与科学课程标准中探究实践这一核心素养内涵是相一致的,因此,科学课堂中探究活动的真实开展不仅可以提高学生的科学探究能力,同时也在锻炼学生的劳动能力。

在"让资源再生"一课中,笔者通过创设古代造纸术动态微课、静态图片的呈

现和材料的选择这三重支架,为学生在目标障碍和条件限制下进行再生纸的制作设计提供了帮助。在全班研讨交流的基础上,学生根据之前设计的方案展开实际制作。一系列丰富的动手动脑的融合体验,帮助学生的科学和劳动知识得以联结,使其不仅提高了兴趣,还锻炼了综合实践能力。

3. 拓展后延时融合,学生发展"全"了

课外拓展实践活动是对课堂教学的有效补充和延伸,可以帮助学生跳出课本知识的框架,促进他们更好地融合,学以致用,实现对知识的深度理解并广泛灵活地将其迁移运用于新的情境(见表1)。

表1 拓展后延时科劳融合

	"产生气体的变化"拓展环节教学设计
经验回顾	学生讨论交流生活中哪里会有类似的气泡产生。
任务出示	我们课后也来做一杯好喝的柠檬汽水吧。如何制作呢?
筹划谋思	学生根据本课所学的小苏打和白醋的反应讨论交流制作柠檬汽水需要的材料步骤。
准备制作	学生课内明确方案后,回家准备材料制作。

通过自制饮品这样有意思的科劳融合拓展活动,学生将小苏打和白醋的反应进行了迁移运用。学生对此兴趣十分浓厚,纷纷在班级群里晒出了自己的作品。学生的动手实践能力不断增强,各方面素养在实践拓展中也得到了发展。

(二) 拓展服务中融合,让学生"乐"起来

自教育部办公厅发布《关于做好中小学生课后服务工作的指导意见》以来,各地各校的课后服务如火如荼地开展着。笔者结合自己学校的实际情况,尝试创设和开发各种融合的情境和资源,引导学生会玩、"绘"玩、"慧"玩,让其在身体参与实践即具身实践中玩乐起来,激发他们劳动的兴趣,助力科劳融合学习的持续深入。[3]

1. 会玩中融合:让学生在"玩"中掌握技巧

为了不增加学生的学业负担,同时能让学生在轻松的氛围中发展核心素养,笔者引导学生做一些简单且容易操作的具有游戏色彩的科技"玩具",如空气马达等,让学生能在"玩乐"中锻炼能力、掌握技巧,发现科劳融合的魅力。

空气马达是利用空气反作用力运动的,学生跟着笔者提供的微视频支架,边学边做,掌握了用老虎钳和酒精灯来加热封口的方法。一开始只有个别同学能做成功,其他同学分析失败的原因后不断改进,也掌握了成功的奥秘。在不断地实践尝试中,孩子们的动手实践能力增强了,劳动品质也得以塑造。

2. "绘"玩中融合:让学生在"玩"中爱上动手

孩子们大多都比较喜欢画画,他们把画画当成游戏,觉得好玩、自在,当看到漂亮的成果时,也会获得成就感。笔者在拓展课服务中也让学生绘画(见表2),但却有所不同,活动包含科学元素,融合劳动教育,使学生体验到不一样的美丽。

表2 "绘"玩中科劳融合

"'布'一样的色彩"主题活动	
取色花草间	学生将紫甘蓝剪成小块放到研钵中捣碎提取染液。
颜色变变变	将提取出的紫甘蓝汁液和白醋、肥皂水、可乐等混合,变化出丰富多彩的颜色。
布里妙生花	接着给学生提供小白布,让其用橡皮筋将白布进行创意捆扎,将捆扎好的白布浸泡到染液中,过一段时间后取出。

利用身边常见的物质组织学生切身体验,让学生在"玩"中体验古法染色"植物染",感受传统工艺劳动的智慧,发展追求卓越、精益求精的工匠精神。

3."慧"玩中融合：让学生在"玩"中启迪智慧

"慧"玩，即智慧地玩。既顺应孩子的天性，又引导孩子在玩中学、玩中探、玩中创。学生沉浸其中，开展有"甜味"的深度学习，手脑并用、知行合一、学创融通，从而达到启迪智慧、培养核心素养的目的。以下是学生体验"迷你小弓箭"制作的案例。

射箭是学校的传统特色项目，学生并不陌生，但有很多孩子没有接触体验过。于是，笔者借助课后服务的时机，为学生提供小木棒、皮筋和棉签等简单的材料，让他们自己创作一把小弓箭。有了真实的弓箭载体，孩子们立马有了创作灵感，纷纷体验畅玩，就连学校射击队的队员都玩得停不下来了。

借助橡皮筋的弹力科学知识，引导学生在联想的基础上创意设计、制作、试验，不仅使学生习得了知识和技能，锻炼了动手能力，获得了丰富的体验，还培育了他们的劳动精神。

(三) 科技活动中融合，让学生"优"起来

1. 校科技制作中融合，树立正确的劳动观念

校科技活动以"人人做科学，人人爱科学"为理念，鼓励全校学生齐参与、共体验。校科技活动中安排了放飞纸蜻蜓、鸡蛋撞地球等科技小制作和小发明活动，还有环保时装秀这一类的废物利用项目活动，学生在丰富的制作活动中体悟劳动成果的不易，发展创造性劳动的能力。

利用身边简单的材料开展实践制作，使科学和劳动在一项项科技活动中得以联结。学生在做中学得简单的劳动技能，在流泪流汗中培养劳动精神，在全校的成果分享展示中收获科学探究的乐趣和劳动实践的快乐。

2. 县科技探究中融合，塑造基本的劳动品质

校科技小队的成员围绕当前科技热点或社会需求，结合自身兴趣选择可操作

的项目主题开展持续研究。在研究中,学生们经历了提出问题—作出假设—制订计划—搜集证据—分析证据—得出结论—表达交流—反思评价的系列过程。

学生们根据课堂所学发现了新的科学问题,并在新的探究问题的引领下,利用课余时间及更高科技的工具和技术开展了更深入的创造性探究。在探究的过程中,孩子们不断地遇到问题,又不断地想办法解决,在持续深入的高阶探索中养成了吃苦耐劳、持之以恒的劳动品质,在研究报告的撰写改进中养成了有始有终的学习习惯。

3. 市科技创新中融合,培育积极的劳动精神

在县科技活动的基础上,我校的优秀科技创新活动还被推荐到市里参加更大平台的比赛。高手如云的比赛现场、专业的评委,对于农村的孩子而言无疑是一个巨大的挑战。

在准备市里科技创新活动答辩终评的过程中,学生不畏艰辛、锐意进取,自觉自愿地在反复试验中精益求精、追求卓越,通过持续性的实践活动,培养了奋斗、创新的科学和劳动精神。学生最终如愿获奖,同时也体验到了成果的来之不易。

(四) 项目化作业中融合,让教学"活"起来

项目化作业是一种包含观念、思维和态度的学习实践活动,指向学科核心素养的深度建构,能促进学生在真实问题的驱动下灵活运用多学科知识和技能去解决问题,为学生增加更多的动手实践的机会,还能提高他们完成作业或劳动的积极性,是融合教学不可或缺的一部分。

1. 教材+短程项目化作业中融合,"活"跃教学

结合科学教材中的相关内容,可以给学生布置一些可在周末完成的科劳融合的短程项目化作业(见表3),这不仅能加深学生对学科知识和概念的理解,还能让我们的教学更加鲜活,提高学生灵活应用课上所学知识的能力。

表3 短程项目化作业中的科劳融合

"珍惜水资源"周末项目化作业	
驱动性问题	学校的楼道里有好多绿植,虽然有时会有人拿着脸盆给他们浇水,但是水还没有被土充分吸收就快速从花盆底部流走了,这样既没有效果还浪费水。我们该如何改善这个现象?
项目任务	制作滴灌装置。
制订计划	收集资料,制定滴灌装置的制作方案。
项目实施	准备好材料,开展具体的滴灌装置制作。
成果展示	将滴灌成果带到学校进行展示和评价。
改进应用	将滴灌迭代改进应用到学校绿植盆中。

通过用短程的项目化作业代替纸质作业,学生从现实学习生活的真实需求出发,在周末完成简单的项目化探究,亲手操作、亲身体验,在习得知识和技能的同时,感悟和体认劳动的价值。[4]

2. 文化＋中程项目化作业中融合,"活"跃思维

中程项目化作业是在稍长一些的传统节日假期中布置,结合传统节日文化开发的,由多个子项目构成一个大的跨学科学习项目,引导学生围绕学习任务开展系列的学习实践活动(见表4)。

表4 中程项目化作业中科劳融合

"五一"劳动节"劳动工具探秘"项目化作业	
子任务一:识工具	选择一种感兴趣的劳动工具,查阅了解它的名称、用途、用法和工作原理。
子任务二:用工具	选择其中一种劳动工具开展劳动。
子任务三:思工具	在劳动过程中发现该劳动工具存在的问题,并筹划改进。
子任务四:创工具	创造出创意满满的实用劳动工具。

结合"五一"劳动节的劳动文化,笔者设计了上述融合科学"工具与技术"和日常生活劳动内容的跨学科项目化学习作业,手脑并用,避免了单一、机械的劳动技能训练,激发了学生参与劳动的积极性和创造性。

3. 科创+长程项目化作业中融合,"活"跃素养

长程项目化作业是需要花较长时间完成的,设计与学生生活相联系的具有挑战性的主题活动,设计时要考虑作业的趣味性、融合性、丰富性和创新性等特点,让学生在长时探究中获得长思考和长发展。

例如,纸牌是我们日常生活中特别是过节时常见的娱乐工具,小小的纸牌看似平凡无奇,却能激发人们的无限创意。它不仅仅是魔术师手中的道具,也可以在同学们手中演绎不一样的精彩。因此,笔者设计了"勇攀高峰"之纸牌爬山、"同舟共济"之纸船承重、"纸"高气昂之纸牌搭高、"匠心独具"之纸牌搭建、"一触即发"之多米诺纸牌、"别出心裁"之创意纸牌等六个与纸牌有关的寒假项目化作业。

该项目化作业是一份开放融合、无标准答案的作业,学生在玩纸牌的过程中开动大脑、创意设计,用简单的纸牌演绎出不同的精彩,充分发展了学生的个性。学生在该项目中体验了设计、制作、改进和迭代的系列工程问题,创新思维和实践动手能力得到了加强,精益求精的劳动精神得到了培育。

三、学有所得:融合之效果描述

(一) 由被动接受到快乐参与,兴趣更浓

深入挖掘和选择教材或孩子们身边感兴趣的主题开展融合教学,能充分调动学生动手实践的积极性,学生从以往的被动参与劳动体验,到如今能在丰富的科劳融合活动和评价体系的支持下主动参与。从研究前后全校学生作品的上交情况的数据对比中,我们发现学生的态度不同了,研究后喜欢并参与实践的人数占

了绝大部分。

（二）由束手无策到手到擒来,能力更强

教师为学生提供充足的融合学习的时间以及丰富的平台,使学生在各种学习资源和形式多样的活动助力下,动手实践能力得到了提升和发展。面对动手操作,学生不再是敬而远之,而是能够习得方法,并迁移运用。在市科技创新大赛中,我校学生也榜上有名,较以往有很大提升。

（三）由低阶操作到高阶创造,素养更优

跨学科融合为劳动教育提供了新理念和新方法,学生不再是单一机械地重复操作,不再是停留在浅层的获取和积累,更多的是在充满趣味性的实践中进行创造,在教师精心创造的复杂真实情境中和各种支架的支持下开始深入探究,开拓思维并解决实际问题。

参考文献

[1] 中华人民共和国教育部.义务教育科学课程标准(2022年版)[M].北京:北京师范大学出版社,2022.

[2] 中华人民共和国教育部.义务教育劳动课程标准(2022年版)[M].北京:北京师范大学出版社,2022.

[3] 李博兰.寻找契合点创建"科学＋劳动"新课程[J].小学科学,2024(3):13-15.

[4] 徐霖娜.劳动教育融入小学科学教学路径探析[J].现代教育,2022(20):37-39.

蒋琳　浙江省杭州市桐庐县旧县中心学校　科学教师　教龄9年

8. 寻"通行证",达"融合境"

——"五育融合"视域下小学语文跨学科主题学习探究

中共中央、国务院印发的《中国教育现代化2035》明确提出要"大力发展素质教育,促进德育、智育、体育、美育和劳动教育有机融合"。《义务教育课程方案和课程标准(2022年版)》也特别强调,用问题探究的方式去培育"五育"素养,理解"五育"的真正意义。[1]然而,在分科教育背景下,语文教学往往陷入"偏智"困境,难以有效融入"五育"。笔者通过探寻"沟通、融通、贯通"三张"通行证",以求在教学层面通达"五育融合"之境。本文将以四年级上册《语文》"快乐读书吧"为例,探讨如何在小学语文教学中实现"五育融合",通过跨学科主题学习促进学生全面发展。

一、沟通：问题与思路

(一) 发现问题

多人沟通，感"五育融合"教学之状。四年级上册《语文》第四单元的主题是"神话"，"快乐读书吧"便是让孩子阅读神话故事。神话阅读会引别样阅读、多样交流、花样生成，毕竟"神力"之于孩子便如"魔力"。诚然，听到"神话"二字他们兴味盎然，笔者也设计了多种活动，如猜猜图中人物、拼贴阅读信息、预测故事发展、讲讲神话故事、记忆比拼擂台等，以增设课堂吸引力。但细思课堂，笔者发现孩子大多只能说出封闭式答案，或是将文本内容照读一遍，讲故事也是单调叙述；而细察课后，发现孩子听完课就终止学习或只做了漫无目的、简而化之的阅读，对学习内容无甚延续。教学呈现"不明所以，仅此而已"之状。

仔细想来，此状态也出现在日常教学中，可见长久以来只是建立了一套典型的"初级智育"课程，教师的"教"仅指向应试知识，丰富的手段和活动皆只助力此狭隘目的。但教育实施是系统的，学生个体是复杂的，教学应当指向内容多方位的漫溯和学生全方位的发展，语文课堂该如何跳出"偏智"怪圈，融合"五育"，借阅读促进孩子全面发展呢？基于困惑，笔者以"快乐读书吧"教学为支点，询问其他老师是如何看待并在课堂中落实融合育人的。

> 教师1：任何教学最直接的指向都是教知识，掌握知识就不错了，课时有限教不了那么多。因此，"快乐读书吧"的教学，我有时候就是一带而过。
> 教师2："快乐读书吧"的教学，其实让孩子知道考点知识就行，我一直都是这么教的。

> 教师3:"五育"其实是一种理想,但是从理想走向现实并不容易,我尝试过没什么效果。

如此状态,让笔者深感"五育融合"背景下的语文教学现状不容乐观,"快乐读书吧"更甚,老师们教学"水分"太大,形成了"水泄不通"的困局,当前教学亟需破局解困的"通行证",由此,笔者踏上了寻"证"之旅!

(二) 分析问题

多方沟通,探"五育融合"教学之困。要打破困局,便要融合多种手段进行调查:通过翻查相关资料、访谈各段教师、细究教学设计、步入语文课堂、连接学生阅读,以求明晰语文教学从"偏智"通向"五育融合"之阻滞具体为何。

1. 雾里看花:无形的"五育融合"

因"无为"致"无形"。于"五育融合",教师一无所知,雾里看花,没有生成相应的理念和意识,也自觉无精力和动力去学习,更不必提实践,"五育融合"的教学便无迹可寻。

2. 坐而论道:隐形的"五育融合"

因"虚为"致"隐形"。于五育融合,教师宣于口头,坐而论道,听说过且能说出大而泛之的理解,但仅限于此,并无真正将理论运用于实践的行为,"五育融合"的教学便形同虚设。

3. 闭门造车:变形的"五育融合"

因"错为"致"变形"。于"五育融合",教师错误解读,闭门造车,积极探索却未理解到位,以致偏离"五育融合"的本位指向,主要表现为:一是等量齐观,全面拼贴"五育";二是顾此失彼,刻意添加"五育"。据此,"五育融合"的教学便误入歧途。

要消解此三大阻滞,须变"五育融合"教学的"无为、虚为、错为"为"想为、真为、善为"。

(三) 探寻思路

多维沟通,定"五育融合"教学之策。"五育融合"的提出,是对"培养什么人、如何培养人、为谁培养人"教育根本问题的总体应答[2],它是趋势亦是挑战。但从"想为"到"真为",仅是思维和实践的生成,"善为"才能让这种生成有真实和更大的价值,因此它是重中之重。那课堂上如何实现"五育融合",达到"善为"? 要有融合,便具多维,多维便要有跨度,利用"跨学科学习"这样融合多种内容和指向的学习方式,实现以"跨"促"融",或是善策。

跨学科学习是大语文观指导下的新教育思想。其一,它打破了传统学科界限,将不同学科的知识、技能、方法等融合,从知识中心的碎片学习转向问题解决的整体学习,这样统整式的观照与"五育融合"理念相通;其二,它旨在提高学生综合素质,培养复合型人才,促进学生全面发展,这更与"五育融合"目标一致。看来"跨学科学习"可以承载兼容"五育融合"的教学理念和价值取向,是使其达到"善为"的适用途径。

二、融通:行动与探究

以跨促融,行"五育融合"教学之道。笔者以四上"快乐读书吧"为例,开展教学实践,学习路径为:提炼主题、制定目标、开展活动、设置评价。在此四方面贯穿"融合"理念,使"五育融合"下的跨学科语文教学达"善为"之境。

(一) 跨场域——融"主题",显"五育"

第一步是"善为"主题。在探索"以跨促融"的教学变革中,要基于学科核心概念,先"跨"至多场域全局观照,后科学"融合",并使主题有融合育人的可能。

1. 把握学科场域

语文跨学科学习主题提炼要把握学科本位,做好学科内和学科间的融合,多方观照核心素养、课标要求、教材单元要素和相应课程内容,以此确定核心概念。首先,四上"快乐读书吧"的落脚点在"神话故事",单元篇章页的导语是"神话,永久的魅力,人类童年时代飞腾的幻想",点明了神话对培养儿童想象力的重要作用。其次,语文阅读要素是"把握故事主要内容;感受神话中神奇的想象和鲜明的人物形象",与新课标中"文学阅读与创意表达"学习任务群的核心概念"通过整体感知、联想想象,感受文学语言和形象的独特魅力"相呼应。据此,带着"融合"思维确定本次学习的核心概念为:感受人物形象,开启想象之门。

2. 融合多种场域

学科场域是确定核心概念的主阵地,主题提炼要以此为本,同时也要融合以下场域:融入"人文"场域,主题提炼要结合学生的学情、兴趣、需要;融入"社会"场域,主题提炼要建构在社会生活之上,既利用这样真实的情境、能力作用于学习,又借助当下学习后续作用于社会;融入"条件"场域,充分考虑现实实践条件,主题提炼建立在可操作原则上,并最大化地利用现有条件。

据此,本次跨学科学习融入学科场域以"感受人物形象,开启想象之门"为核心,融入"人文"场域以"我们"为导向,融入"社会"场域以"建立朋友圈"为依托,融入"条件"场域以"云端"为载体,将主题提炼为"云端之上,建立我们的神话朋友圈",做到了带着"融合"思维提炼"融合"主题。此主题下,具体设想是基于线下和线上云端环境(手工打造天宫展示区和建立公众号实现云端展示),渗透多学科知识、方法开展多样学习活动,使学生从学习走向创造,从接收转向输出,从而发展多元素养和能力,使主题有融合育人的可能,为后续学习铺垫。

(二) 跨思维——融"目标",明"五育"

第二步是"善为"目标。要基于主题,跨越陈旧的"碎片整合"思维,以"融合"思维制定目标,使目标指向融合育人。

当前教学目标普遍按照三维目标体系制定,将完整的目标分解为三个维度,造成了知识、思维、情感三方割裂,让"融合"成为三方的简单相加。这种假性融合要迈向真实,就要聚焦核心,融合"三维"和"五育",制定素养目标。素养目标制定遵循"三件套"原则。首先,锚定主题蕴含的核心概念,即"感受人物形象,开启想象之门"。其次,基于核心概念提出核心问题,此处要从抽象概念走向具体活动,据此确立本次核心问题为:如何创造出一个丰满鲜活的新神话人物?最后,依据以上思路,结合课标、教材、学情等,将"五育"融于目标,具体如表1所示。

表1 四上"快乐读书吧"跨学科学习素养目标

学习目标	核心知识	核心素养	育人指向
1. 能根据需要自主制订阅读计划,并借助已有的阅读方法完成相关"神话"书籍的阅读。	1. 系统化、多种方法阅读。 2. 初步把握文本信息。	阅读习惯 阅读理解 学会学习	智育
2. 在"云端之上,建立我们的神话朋友圈"的情境中,学会生动讲述和简单概括主要内容;能感受神话故事中鲜明的人物形象,感悟神话人物的精神和智慧;受到优秀传统文化的熏陶。	1. 掌握故事内容和讲述故事的方法。 2. 感受人物形象,体会人物内心。 3. 感受神话的文化魅力,提升神话鉴赏能力。 4. 把握人物创作要素,学习人物创作方法。	语言运用 思维能力 文化自信 审美鉴赏	德育 智育 美育

(续　表)

学习目标	核心知识	核心素养	育人指向
3. 学会运用多种图示融合信息;能综合运用所学,展开想象,创造新神话人物。	1. 学会整理信息。 2. 学会想象创作。	思维能力 审美创造 艺术表现 实践创新	德育 智育 美育
4. 能运用多种自己喜欢的形式,大胆分享、展示自己的阅读经历和成果,以及阅读思考和建议;合作布置"我们的神话朋友圈"。	1. 学会展示成果、表达思考。 2. 学会合作布置场景。	语言运用 思维能力 责任担当	智育 美育 劳育
涉及学科	以语文为本,关联美术、音乐、道德与法治等学科		

(三) 跨样态——融"活动",行"五育"

第三步是"善为"活动。活动要为主题服务,为目标效劳,利用"融合"思维去设计活动并使其实现融合育人的目标。但当前活动设计总呈现出形式单一而管中窥豹、内核隐匿而一盘散沙、层次欠缺而原地止步之状,与核心知识、素养目标各自为政。因此,本次教学实践要跨出偏、碎、劣的活动样态,实现活动科学融合,建构活动新样态:活动形式之"丰",活动内核之"明",活动层次之"实"。

据此,设计学习活动方案如图1所示。

"云端之上,建立我们的神话朋友圈"

亲爱的同学:

　　天地初开,大地被宇宙众神统领,盘古、女娲的名字脍炙人口,仿若我们的神界老友,让我们穿越时空去探访他们,破解"神"之密码,据此创设"新神界"好友。带着学习任务,明晰学习规则,我们一起阅读"神话"书籍,开启挑战吧!

走向融合

续　表

学习任务,你我共晓

"融"学之旅:探访古神界老友

(一)进入古神界
1. 学习活动
(1) 自主选择定书目:围绕"神话"主题,阅读"快乐读书吧"推荐书目或自由选择相关书籍。
(2) 自由阅读入文本:选择自己喜欢的阅读形式,进行阅读并制订计划。
2. 核心要素
初步阅读文本,承接后续活动。

(二)"神"之形象密码
1. 学习活动
(1) 多方感知明形象:选择一位感兴趣的神话人物,通过上网、参观、找插图等方式感知神话人物形象。
(2) 多种方式树形象:利用自己的智慧和特长再建构,真实呈现你脑海中的神话人物形象(方式不限)。
2. 核心要素
明晰人物形象,解读人物外形。

(三)"神"之履历密码
1. 学习活动
(1) "神话拉拉书":以一位"神"的主要事迹为内容制作连环画。
(2) "神话手指谣":以一位"神"的主要事迹为内容编演"手指谣"。
2. 核心要素
明晰人物履历,传讲故事内容。

(四)"神"之内核密码
1. 学习活动
(1) "精神风云榜":制作"人物精神数据卡",汇集神话人物最突出的品质类别;制作展示"人物精神推荐卡",评选各类品质的冠亚季军。
(2) "能力颁奖礼":自选一个人物撰写颁奖词,并制作奖状(最佳＿＿＿＿奖)。
2. 核心要素
明晰人物精神,把握核心特点。

(五)"神"之智慧密码
1. 学习活动
(1) "神话智慧大集市":寻找交流神话人物身上展现的多元"智慧"元素,为神话人物赋智慧值。
(2) "前世智慧找今生":链接前者学习活动,运用多种资料查找方式,交流神话智慧成真的例子和故事(结合现代科学)。
2. 核心要素
强化人物感悟,观照智慧元素。

(六)"神"之文化密码
1. 学习活动
(1) 出神入"化"交流会:利用多种调查方式和自己喜欢的呈现方式探寻神话人物身上传递、承载的相关文化,合作完成文化分类表。
(2) 研讨交流。("文化理解"和"文化拓展")
2. 核心要素
走出人物本体,探寻文化本质。

"通"创之径:创设新神界好友

(七)开启新世界
1. 学习活动
(1) 多种图示习方法:学习山形图、鱼骨图、气泡图、树状图、流程图等融合信息的方法。
(2) 多元创"神"展新貌:结合所学的"神"之五大密码元素,建构符合时代愿景和自己喜欢的新神话人物,并利用所学的图示方法,将这些信息融合呈现。
(3) 合作布置云展台:班级合作布置"新神话朋友圈"云端展台。
2. 核心要素
做好学以致用,自由表达想象。

学习规划,你我共约

1. 学习前期人人自读。
2. 学习中后期的活动人人参与。
3. 可独立或组内合作学习,组内分工合作明确。
4. 把握书本阅读本位,可适当借助其他手段辅助学习。

图1　四上"快乐读书吧"跨学科主题学习活动方案

1. 活动形式

教学活动是实现教学目标的载体,但活动形式总体趋于单一。课堂上常见教师问一问,学生听一听、找一找、答一答的认知性活动,单一的陈述化教学程式让学习偏离正轨。教学是复杂的,很多目标无法仅用几个"一"的活动去达成,我们要"跨"出形式单一的旧样态,在教学中融合多种活动形式,实现活动形式之"丰"。

"单一"致使教育偏于虚妄,活动形式要以"真"引领,达成"丰满"的效果。教育最终要指向全面育人,机械叙说的同质化活动只是让学生的学习限于记忆内容。虽然这是"智育"不可或缺的,但也是最低层次的一种学习活动,智力培育不能如此单薄,它更需要学生去真实体验。因此,要建构真实的活动情境,让学生置身其中,从理论走向真实实践,在真实实践中生成真实学习。故而,本次学习结合艺术和信息等手段,建构"云端"情境,让学生靠近"神话",并利用 8 课时,跨越课堂内外,给予学生充分实践的时间和机会,引导学生在扮演、绘制、传讲神话人物的活动中,实现真实成长。融合真实活动促使本次教学达成"丰满"的育人效果。

"单一"致使学习偏于狭隘,活动形式要以"博"引领,实现"丰富"。当前教学活动多指向智育,这种单一指向造成"偏智"困局,与"五育融合"的理念背道而驰,因此活动形式要博闻、博采、博用。例如,本次学习中设计了"编演'手指谣'""制作'人物精神数据卡'""布置'新神话朋友圈'云端展台"等活动,渗透音乐吟唱、数学统计、劳技布置等知识与能力,潜移默化地融入审美、智力、劳动学习,融合多样活动,促使本次教学生成"丰富"的学习效果。

"单一"致使学生偏于疲乏,活动形式要以"趣"引领,实现"丰盈"。千篇一律的教学程式可能较难激起学生的兴趣,教师要利用趣味实践活动,对症下药,助力学生解决实际问题。基于核心知识,本次学习设计了"精神风云榜""能力颁奖礼""神话智慧大集市"等让人眼前一亮的活动(见图 2),将"感知人物的精神、能力、智慧"这样冷冰冰的学习任务变得趣味盎然。通过融合趣味活动,促使学生怀着高

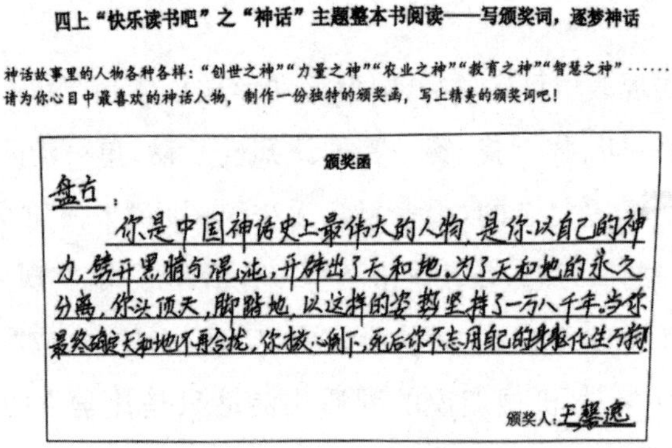

四上"快乐读书吧"之"神话"主题整本书阅读——写颁奖词，逐梦神话

神话故事里的人物各种各样："创世之神""力量之神""农业之神""教育之神""智慧之神"……请为你心目中最喜欢的神话人物，制作一份独特的颁奖函，写上精美的颁奖词吧！

颁奖函

盘古
你是中国神话史上最伟大的人物，是你以自己的神力，劈开黑暗与混沌，开辟出了天和地，为了天和地的永久分离，你头顶天，脚踏地，以这样的姿势坚持了一万八千年岁岁最终使天和地不再合拢，你撒心剑下，死后你不忘用自己的身躯化生万物

颁奖人：王暨远

图2 四上"快乐读书吧"跨学科活动——颁奖函

度热情投入其中，在阅读活动中收获内心的"丰盈"。

形式之"丰"改善活动之"偏"，丰形式，巧发散，多向（真实、广博、有趣的活动）融合，从"一条道路走到黑"的旧样态跨至"条条大路通罗马"的新样态（见图3）。

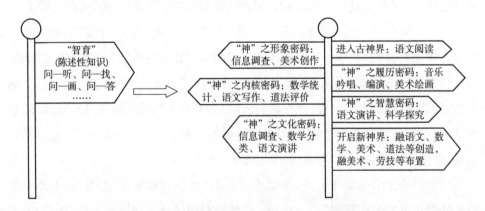

图3 四上"快乐读书吧"跨学科学习活动形式图

2. 活动内核

活动形式之"丰"是基础，但若"丰"而未"统"则会陷入另一窘境。许多教师设

计的活动也是丰富多彩的,但易呈现"各管各"的现象:仅是各种语文知识+各种语文活动的组合,没有明确的内核统领。因此,我们要"跨"出内核隐匿的旧样态,在教学中融入核心导向的活动,实现活动内核之"明"。活动内核即本次学习的核心问题,它应如一根导线串起所有子活动,使整个学习大活动达到统整、融合、有效的目标。

据此,本次跨学科学习聚焦"如何创造出一个丰满鲜活的新神话人物"这个核心问题,设计两大学习活动:探访古神界老友和创设新神界好友。前者让学生懂得如何实现"丰满鲜活",后者让学生学以致用去"创造人物",活动指向于解决一个大问题,实现统整。

核心问题的解决,在把握语文学科本位的基础上,更需要融合其他学科的力量。例如,"探访古神界老友"中有一项任务是破解"神"之履历密码,本质是让学生学会讲述人物相关故事,但仅用语文学科的读一读、记一记、讲一讲,效果并不太好且千篇一律。因此,利用"神话拉拉书",让学生结合多彩的画面讲述生动的故事;利

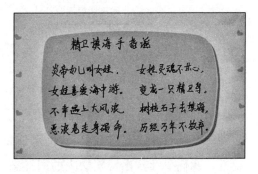

图4 四上"快乐读书吧"跨学科学习活动——手指谣

用"神话手指谣",让学生借助有趣的动作和节奏讲述简洁的故事,无形中习得扩展和概括内容的能力(见图4)。这些活动通过多学科助力促进核心问题逐步解决,实现融合。

但活动设计也不能为融合而融合,如有些教师会让学生制作阅读内容小报,这与制作"神话拉拉书"同样是融合美术学科,但前者是将内容笼统地呈现,旨在生成一份"形色兼具"的作品,后者则利用"形色"促成内容记忆、唤起生动表达,进

而助力解决核心问题。因此,活动设计切忌华而不实,要牢牢聚焦核心,才能有效。

内核之"明"改善活动之"碎",明核心,妙延展,圈层(核心统整、学科融合、有效活动)融合,从"一个小圈组万象"的旧样态跨至"一石激起千层浪"的新样态(见图5)。

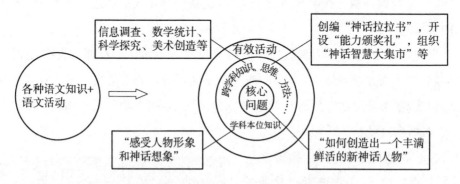

图5 四上"快乐读书吧"跨学科学习活动核心图

3. 活动层次

活动内核之"明"是支架,支架搭建好了要步步攀升,须关注活动之间和单个活动内部是否存在层次性,毕竟活动的目的在于提升育人价值,而有层次才能有提升。我们要"跨"出层次缺失的旧样态,在教学中融入层次丰富的活动,实现活动层次之"实"。

教师易单从知识层面开展跨学科活动设计,如在学习中设计"神话人物经历卡、神话故事串讲会、神话故事图谱展"等活动,这些仅用单一的语文浅层知识(即复述内容)衔接、看似不同的活动,其育人价值却同等划一、微乎其微。因此,本次学习在大框架下,将活动设计为从"探寻古神界老友"走向"创设新神界好友",从低阶学习迈向高阶创造,以学促创;而在小框架之中,层层设置破解"神"之形象、履历、内核、智慧、文化密码的活动,从人物外在走向人物内心,从人物本身走向社会、国家,由外而内、由小及大、由浅入深,借助多学科创设理解、感知、体悟、建构、运用的学习层次,落实活动之间的层次性。

再细观活动内部,就"神话故事串讲会"而言,教师仅让学生选择自己喜欢的故事复述内容,这是典型的"快餐"环节。四年级学生读完文本基本上能直接复述,因此活动的落脚点在于直接呈现,而没有精心设计串讲方式,精准呈现活动层次,缺失递进的学习过程和多维的育人价值。而笔者针对讲故事这个目标开展"神话手指谣"活动,学生先搜集童谣明晰其特点,再解读文本重新建构文字,然后结合音韵节奏创意融入身体动作,最后借助多种元素融合完整地讲演故事。由学促创再加以辅助,最终成果因学、思、行融合而生成,育人价值从多方面提升,整个"讲故事"活动构成层次化整体,落实活动内部的层次性。

层次之"实"改善活动之"劣",实层次,稳筑垒,层级(理解、感知、体悟、建构、运用)融合,从"一片平野同质化"的旧样态跨至"万丈高楼平地起"的新样态(见图6)。

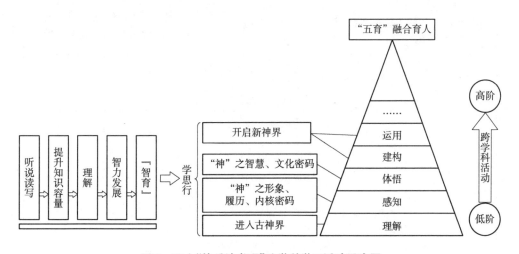

图6 四上"快乐读书吧"跨学科学习活动层次图

活动融合最终要求建构一个整体,通过丰形式、明核心、实层次这样的科学融合,变得系统、完备、高效,化"五育"于其中,促进学生全面发展。

(四) 跨指向——融"评价",扣"五育"

第四步是"善为"评价。"五育融合"下跨学科学习评价要从多元融合出发并以此为终点。评价对象多元融合,线下涉及自己、同伴、教师评价,这些人群便于直观感知活动过程和成效,线上通过将活动成果上传至网络平台,涉及家庭和社会评价;评价内容多元融合,评价量规结合学生的学习态度、思维方法、成果效果、展示状态等开展综合评价;评价方法多元融合,线下写评语、打分和线上点赞、评论结合,融入语文评语、数学统计、信息传递等方法;评价价值多元融合,评价具体指标基于多维育人价值生成,涉及德智体美劳等方面的观照。表2展示了本次学习的评价量规及规则。

表2 四上"快乐读书吧"跨学科学习评价量规

评价项目 (云端之上,建立我们的神话朋友圈)	评价项目	评价指标	自评 (35%)	同伴评 (35%)	教师评 (30%)	项目积分
（一）进入古神界	自主选择定书目	① 选定书目符合主题,有阅读价值 ② 制订科学的阅读计划				
	自由阅读入文本	① 确定阅读形式,留下阅读痕迹 ② 及时完成阅读打卡				
（二）"神"之形象密码	多方感知明形象	① 切实调查资料,实地考察 ② 收集中国神话人物照片 ③ 结合文本分析照片形象,有独立思考				
	多种方式树形象	① 树立形象,能把握人物突出特点 ② 呈现方式形象生动				

(续　表)

评价项目 (云端之上,建立我 们的神话朋友圈)	评价项目	评价指标	自评 (35%)	同伴评 (35%)	教师评 (30%)	项目 积分
(三)"神"之履历密码	"神话拉拉书"	① 自选故事,同学合作制作连环画 ② 作品情节完整,有趣生动 ③ 结合作品讲故事,讲解生动流畅				
	"神话手指谣"	① 符合童谣特点 ② 能概括故事内容 ③ 演绎活泼有趣				
(四)"神"之内核密码	"精神风云榜"	① "人物精神数据卡"内容丰富、重点突出 ② "人物精神推荐卡"理据充分、推荐大方				
	"能力颁奖礼"	① 颁奖词撰写能把握重点,语言生动 ② 颁奖展示流畅大方				
(五)"神"之智慧密码	"神话智慧大集市"	① 精准挖掘神话人物身上体现的智慧 ② 展示交流流畅自信				
	"前世智慧找今生"	① 分享神话智慧成真的例子,结合现代科技作品流畅展示 ② 展示时能加入自己的思考和获得的启示				
(六)"神"之文化密码	出神入"化"交流会	① 积极参与小组合作制作文化分类表 ② 撰写文化交流报告,立				

(续 表)

评价项目 (云端之上,建立我 们的神话朋友圈)	评价项目	评价指标	自评 (35%)	同伴评 (35%)	教师评 (30%)	项目 积分
(七) 开启新神界		意明确、表达通顺,有跳出文本的拓展内容 ③ 展示自然大方				
	多种图示习方法	① 认真聆听 ② 积极参与课堂				
	多元创"神"展新貌	① 作品能体现融合化图示的运用 ② 作品结合了所学的各大密码元素,并有拓展 ③ 作品符合时代愿景,具有想象力,传递正向力量 ④ 作品画面美观、字迹端正				
	合作布置云展台	① 积极参与 ② 合理布局 ③ 美观加工				
最终积分:						
具体评价规则 1. 积分规则:根据具体指标达成度,每项赋 1、2、3 分。 2. 评奖规则:每个子项目的前十名可以得到一张相应的"钥匙拼图"碎片,集齐七张碎片拼成钥匙打开"神话"之门,成功建立"新神话朋友圈",获得"新神界创造小达人"纪念章;小组总积分前三名获得"新神界创造王者团队"纪念杯。						

本次学习实践通过跨场域提炼主题、跨思维制定目标、跨样态开展活动、跨指向设置评价,促进融合育人,让学生通往全面发展之门,因"融"而"通","融通"证发挥了重大价值。

三、贯通:成效与反思

深度研思,谋"五育融合"教学之续。教育是教师、学生、家长三方合作的事业,调研三方之思,贯通三方之力,才能做好改进,延续教学生命力。据此,笔者在实施教学改革后,开展了教师教研探讨、学生问卷调查、家长访问反馈,以求明晰教学效果,更科学地促进本课程一以贯之、愈行愈远。调研发现,本次以跨促融的教学实践获得了三方好评,改善了当前"无形、隐形、变形"的"五育融合"教学现状,笔者也从中生发了以下思考。

(一) 从"无形"到"有形"要"想为"

"五育融合"是一种理念,更是一种实践。理念形成是必要过程,它是指南,是导航,具有引领性和驱动力。"五育融合"理念是"五育并举"的深度衍生,促使我们追求生命发展的整全性、知识结构的完整性、教育过程的公正性。但理念必须付诸实践才能发挥价值,"想为"才能将道路愈走愈宽,使人愈行愈远。"五育融合"基于"育人"提出,学校作为育人主阵地,教学作为育人主动脉,应率先化"纸上谈兵"为"躬体力行"。只有在实际解决问题的过程中才能实现"五育"的内部联结,在教学实践中须意识到每个环节对后续学生发展产生的影响辐射,从教学主题、教学目标、教学活动至教学评价都应始终以融合理念开展实践,让理念引领实践,在实践中核验理念。理念、实践融合化,促使"想为"生成,让"五育融合"初具雏形。

(二) 从"隐形"到"显形"要"真为"

"五育融合"是一种学力,更是一种能力。融合实践不是泛泛而谈、粗粗而行。

"五育融合"教学要学得细,要从消极的融合向积极的融合嬗变,从粗放型实践向精密型实践转变,从基于原有学校教育体系范围对原有材料优化重构向在全面发展统领下对学校教育体系重新设计蜕变,在主题、目标、活动、评价之间和内部打破学科壁垒,拓展育人指向。"五育融合"更要练得精,这样变革之能、聚合之力才能长到学生身上、教师身上。在学生那里,形成基于融合、为了融合和在融合之中的学习兴趣、意识、方法、能力与习惯;在教师那里,实现基于融合、为了融合和在融合之中的新型教学方式。学力、能力融合化,促使"真为"落地,让"五育融合"形态具现。

(三) 从"变形"到"正形"要"善为"

"五育融合"是一种目标,更是一种机制。首先,它指向将德智体美劳融于一体培育全面发展的人,这是最终要达成的理想和方向,我们所有的教育活动都指向于此。其次,"五育融合"也是一种操作机制,它并非仅指育人目标层面的融合,而是一致性地回答了"为何要融合""由谁来融合""拿什么融合""在哪里融合""该如何融合""融合得怎样"等系列问题[3],真正关注学生发展需求,结合跨学科学习内容,在整个教学系统中渗透融合意识形态,完成了从"五育"加法至"五育"乘法的正畸工作。目标、机制融合化,促使"善为"实现,让"五育融合"摆正形态。

本研究通过对小学语文"快乐读书吧"跨学科学习实践的深入探索,揭示了当前语文教学中的"偏智"困境,并成功验证了"以跨促融"学习模式的显著成效。我们认识到,借助"沟通、融通、贯通"三种"通行证",提炼具有融合育人潜力的主题,明确结合"五育"要求的素养目标,设计形式丰富且内核明确、层次递进的教学活动,以及实施多元融合的评价体系,是实现"五育融合"的核心策略。这些策略提升了学生的学习兴趣和创造力,促进了他们的全面发展。展望未来,我们将持续打磨教师的跨学科素养,提升"以跨促融"的学习品质。同时,强化家校合作,形成教育合力,让教育在更广阔的领域内发挥其育人的本质作用。

参考文献

［1］唐晓勇.跨学科理念下"五育融合"的课程实践[J].中小学校长,2022(8):20-23.

［2］徐荣嵘."五育"融合理念指导的创享语文教学路径探索[J].教育科学论坛,2023(17):73-74.

［3］王强.课堂教学中的五育融合机制及其应用研究[D].成都:四川师范大学,2023.

胡琴　浙江省绍兴市柯桥区管宁实验小学　语文教师　教龄8年

9. 基于课标融合工程教育的跨学科实践活动设计与实施*
——以初中化学作品制作类跨学科实践活动为例

一、为何：工程教育、跨学科实践活动为何要走向融合

加快发展新质生产力，迫切需要大批拔尖创新人才，2022年版义务教育课程方案和各科课程标准中，明确提出要以不少于10%的课时设计实施跨学科实践活动，以促进学生全面发展，满足当前人才培养的需求。其中，加强中小学工程教育，是一体化推进教育、科技、人才高质量发展的必然要求。中小学工程教育是指在基础教育阶段，培育学生的工程意识、工程能力，是国家工程技术人才培养体系

---

* 本研究是2023年度上海市教育科学研究项目"基于CDIO的初中工程教育实践研究"（立项编号C2023248）阶段研究成果。

的底层架构,是高等工程教育的基础和前提。[1]2023年5月,教育部等十八部门联合印发《关于加强新时代中小学科学教育工作的意见》,提出要"统筹规划科学教育与工程教育,体现实践性、综合性"。因此,运用跨学科理念开展学科融合,是中小学工程教育的实践方法和有效途径。[2]

以解决实际问题为共同显性目标的跨学科实践活动和工程教育,要求教师"优化课程内容组织形式",将学科知识与实际生产生活中的工程问题相联系,"突出实践育人"倡导跨学科实践活动和开放性工程任务融合,在做中学、用中学、创中学,通过发现、解决真实问题,建构、运用知识,使素养、能力得以提升。这对一线教师提出了新的挑战和使命。

目前,一线教师在跨学科实践活动中,由于对中小学工程教育作为一种基于融合的跨学科的学习方式理解不足,在涉及"工程"的活动设计实施中出现了一些异化现象——有的老师"穿靴戴帽",将"工程教育"仅作为引入情境;有的过于强调"工程"中的动手实践,将课上成了无学科知识融合的"高级手工课",学生需要使用3D打印、激光切割等高新技术才能完成作品;有的忽视"工程"作为学生创新能力、知识迁移能力、团队协作能力培养的有效路径,"控制"过多,评价"过死",将"像工程师一样解决问题"的探究与实践异化为"照方抓药"或者简单的"验证模仿",束缚了学生的创造力。

二、如何:融合工程教育的跨学科实践活动如何设计与实施

(一) 寻找融合实践之证

为帮助一线教师设计实施,我们通过文献研究,进行了寻证之旅。早在2000年,麻省理工学院等4所工科大学就提出了集构思(Conceive)、设计(Design)、实施(Implement)和运行(Operate)四环节于一体的CDIO工程教育模式。[3] 2014

年,ITEEA(国际技术与工程教育协会)结合科学探究思维和工程设计实践,提出了落实工程教育的"6E设计型学习模式"。[4]2018年,美国国家科学院、工程院和医学院(NASEM)提出"基于真实设计项目、学生作为反思性设计者、教师作为设计指导者"的实践策略。[5]2022年,加拿大安大略省颁布了《1—8年级科学与技术课程标准(2022年修订版)》,强调围绕EDP(工程设计过程)思路(包含四个迭代步骤:启动与计划、执行与记录、分析与解释、交流)开发问题解决方案的能力,深化科学与工程实践过程对知识学习的作用。[6]这些研究成果,为中小学一线教师开展融合工程教育的跨学科实践提供了工具和支架。[7]

北京师范大学化学教育研究团队在实践基础上,提出了"项目式教学的结构、课型、线索和关键问题"等,在新一轮义务教育课程标准修订中,为"跨学科实践活动"主题及其案例的设计提供了重要的研究支撑和实践论证。[8]在《义务教育化学课程标准(2022年版)》学习主题5"化学与社会·跨学科实践"中,对跨学科实践活动提出了明确的指向性要求。在附录1"基于特定需求设计和制作简易供氧器"这一融合工程教育的跨学科实践活动案例中,通过分析项目育人价值、建构项目内容结构、依据内容结构,设计核心活动,提供了融合工程教育跨学科实践活动设计的一般流程范例——界定任务、建构模型、制作作品(对产品进行多轮次的"设计—行动—反思"优化)、作品发布。[9]但课标中书面呈现的案例,细节传递并不到位,指导作用尚显不足。[10]在以化学科学探究为主,融合工程实践的教与学新模式下,教师不仅要帮助学生理解核心知识、发展化学观念,还要指导学生直面明确需求、设计草图、动手制作、测试与优化等真实的工程实践,引导学生用工程教育中的系统性、价值性思维解决"供氧器"这个真实的劣构问题,帮助学生扫除在"原理、需求、装置"模型建构、应用中遇到的障碍点,这对熟悉知识点教学的一线教师来说是一个巨大挑战,设计实施时常会感觉无从下手。

(二) 建构融合实践之模型

为解决此类问题，刘徽等在卡普尔有效失败理论的基础上，从目标、评价和过程三个角度构建了STEM教学有效指导范型[11]；夏雪梅针对项目式学习中教师支持最关键和敏感的指标，构建了适合本土实际的项目式学习"教师支持"的指标体系。[12]通过研读和践行课程标准附录案例"基于特定需求设计和制作简易供氧器"，并在借鉴以上成果的基础上，笔者创造性地建构了基于课程标准话语体系、体现新课标要求和导向、融合工程教育的跨学科实践活动设计实施模型（见图1）。

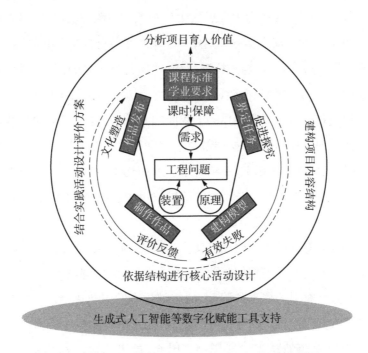

图1 融合工程教育的跨学科实践活动设计实施模型

(三) 融合工程教育的跨学科实践活动设计实施模型应用与实践

1. 如何设计

分析项目育人价值。 首先，以跨学科实践的主要活动形式对活动类型进行定位，明确是属于行动改进类、调查研究类、模型建构类还是作品制作类，并对主题进行关键词阐释，如案例中首先明确此项目为作品制作类综合实践活动，对"供氧器""特定需求"等关键词进行了说明。这样的主题分析对于后续设计至关重要，一线教师可以借此明确研究问题和任务。其次，以 BCMAP 为框架对项目育人功能进行分析，即整个项目以"物质的变化与转化"大概念(B)为统摄，围绕化学核心知识和跨学科知识(C)、希望学生发展的化学观念和思路方法(M)、需要形成的重要态度(A)、承载的学生必做实验和活动(P)等维度进行分析，明确发展学生分析和解决工程问题的能力，并以矩阵模型呈现。"简易吸碳机的制作"项目就是仿照课程标准案例，基于 BCMAP 框架进行分析，将育人价值进行了外显。[13]

建构项目内容结构。 真实世界的工程问题是综合、复杂、开放的，教师要将其转化为一个实际的工程问题，并按照解决工程问题的一般流程构建项目的基本逻辑结构，在大概念统领的基础上，对项目中涉及的化学、物理等学科的内容进行挖掘，将核心知识和概念融入工程问题的解决情境中，并按照工程实践的过程对项目进行任务拆解，规划具体环节。比如，"基于特定需求设计和制作简易供氧器"就将项目转化为以氧气的制取原理与反应为核心，明确最终产品必须要达到的目标和标准——满足需求并实现相应功能，还要综合考虑在实现过程中可能受到技术和工程中装置和材料等资源的限制，内容结构作图形化表达。[14] 工程类项目的内容结构既是教师组织推进项目进展的图谱，也是学生需要在头脑中建构的可迁移的解决工程类问题的认识发展模型。因此，也可将内容结构融合"原理—需求—装置"思维模型的方式进行图示。

依据结构进行核心活动设计。 依据前面建构的项目内容结构和工程实践的过程,进行核心活动设计。工程实践的过程包括:识别和界定工程问题,明确解决工程问题可量化的标准和限制条件;建构"原理—需求—装置"思维模型,不仅关联原理与反应,还要考虑装置与材料等工程技术"约束条件",开发满足需求与实现相应功能的方案;应用模型,优化方案,制作作品,在多种可能的解决方案中比较和权衡,通过多轮次的"设计—行动—反思",不断迭代优化,完成最终产品;展示、交流和评价产品,总结经验,提炼可迁移的思路和方法,以进一步理解真实世界中的工程产品和科学知识的社会化应用。"基于特定需求设计和制作简易供氧器"需要师生在明确工程问题的前提下,共同分析供氧器原理、装置和特定使用人群实际需求之间的关系,从物质状态、反应条件、物质变化、能量变化及反应速率等化学反应的思路方法的各个方面综合考虑制氧原理,根据质量守恒定律定量计算供氧剂的用量配比,自主创意设计供氧器,完成对陌生复杂场景的综合迁移活动。[15] 案例依据内容结构和工程实践的过程,设计了四个核心活动:界定任务、建构模型、制作作品、作品发布。基于教学目标与内容、教学的一致性,也可将项目以更加具体的项目任务、活动内容、课时和任务目标表格的形式呈现出来。[16]

结合实践活动设计评价方案。跨学科实践活动的评价同样要符合新课标"教学评一体化"的要求,因此在设计融合工程教育的跨学科实践活动的评价方案时,须将课程标准跨学科实践相关的内容目标要求、学业要求和学业质量标准三者整合起来思考,明确评价维度,结合工程实践中核心活动中可预测的学生素养表现、水平层次,形成清晰明了的评价标准,整体规划项目评价蓝图。如新课标中"基于特定需求设计和制作简易供氧器"案例提供的评价量表,就是依据该项目的目标(了解制作简易制氧机需要考虑的核心问题;掌握实验室制取氧气的原理、装置与操作;认识化学反应中的定量关系,理解质量守恒定律及参与化学反应的各物质间的质量定比关系,能够利用化学方程式进行简单计算;认识化学反应中物质定量关系的微观实质),综合学习主题5"学业要求"第3、4条,以及学业质量中对学科能力活动要素、学科认识方式的描述,从作品(原理、装置、展示效果)、反思与改进、协同合作、表达交流四个维度,合格、良好、优秀三个水平层次,结合核心活动"制作作品""作品发布",凸显工程实践中"原理—需求—装置"思维模型的迁移应用,由师生共同制定的。

2. 如何实施

课时保障。在现有义务段课程体系中,九年级化学教学课时数并不充裕,因此,以多课时设计为特征的跨学科实践活动的落地实施,首先要解决的是教师们担心的课时问题,课标案例提出的实施建议是要融合"氧气的实验室制取及性质"的学习内容并紧密结合必做实验部分。四个核心活动在实施时需要4个课时,利用跨学科实践活动承载核心知识的教学,替代新课教学。教师在实施教材内容时,也可安排在实验室制备氧气实验活动之后,以复习课的形式,仅需要用2课时,让学生设计、制作简易制氧机并进行展示交流。还可以单元长作业的形式或与其他学科(生物中涉及呼吸、消毒,物理中涉及压强、分离方法、气体分子运动论等知识)合作研发实施的形式进行[17],打通课上课下、线上线下、学科界限,以缓解融合工程教育跨学科实践活动课时紧张的问题,作好课时保障。

促进探究。工程项目需要教师支持学生在真实的问题解决情境中持续探究,这就需要教师在导引课上对情境素材进行挖掘,用不同情境和不同职业的需求——高原吸氧、病人吸氧、空间站航天员吸氧、运动员吸氧、潜水员吸氧等,引发学生探究欲望。同时,通过感知真实制氧机产品,引导学生从已知制氧原理中思考可否用于制氧机,提醒学生与不同情境和不同职业的需求进行关联,帮助学生从真实产品的角度去关注、提取学科核心知识,发现家用制氧机真实产品制作的约束条件和设计标准(平均供氧量、含氧量、供氧时间等),初步建构起促进问题解决的"原理—需求—装置"思维支架,为在探究课、展示课产品的迭代过程中完成对模型的建构、优化作好铺垫。通过项目拆解,提供"5W2H""甘特图"等工具支架,帮助各小组明确分工和探究的整体流程、任务环节,作好项目规划,与学生研讨共同商定评价标准和角度。为确保探究顺利且安全进行,教师还要帮助学生跨过工程技术、化学反应装置和化学反应原理三方面的学习障碍点,提供热熔枪、酒精灯等工具安全使用辅导和单向止回阀、快速接头等材料制作指南。

有效失败。教师要明确"失败"在工程实践中是测试、反馈、创新必不可少的重要组成部分,在布置作品发布活动时,强调在汇报时突出制作改进设计图和实际改进的过程,展示制氧机1.0版、2.0版、3.0版……的设计图和实物(见图2),直观呈现如何从美观、实用、成本等方面作出权衡以及从设计到改进迭代的循环过程。同时,通过询问不同方案、追问原因、复述陈述等策略,引导学生比较分析

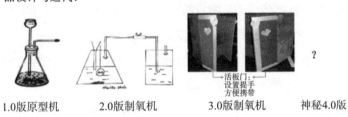

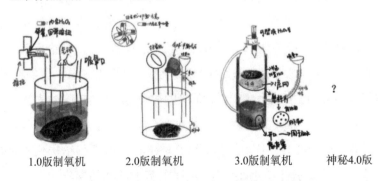

图2 制氧机设计图和实物的改进迭代过程

不同设计思路,给学生必要的时间与机会应用核心知识和思维模型,在一次次"有效失败"中促进学生解决挑战性问题能力的增强和核心素养的发展。此外,学生在产品"有效失败"和优化迭代的过程中,可以形成产品化的思维,认识到所学知识可以应用于社会发展,像工程师一样思考问题,从而在学科教学中落实科学精神与社会责任素养。探究课要激活旧知,保持问题的开放度,推迟讲授时机,如在探究课子任务"提供适量制氧剂"中,教师引导学生阅读某品牌制氧机使用说明,提出:能否用A剂的质量计算生成氧气的质量?根据化学方程式,学生尝试借助质量守恒定律和电解水产生氧气的经验,发现用数学的定量思维无法解决这个新问题,引发认知冲突,意识到问题解决的局限性。面对这个"有效失败",教师并不急于讲授"利用化学方程式计算"这一核心知识的步骤,而是引导学生从微观角度出发,认识到反应中分子个数比、物质的量比以及分子质量比是固定的,进而从宏观角度确立反应中各物质质量比是固定的这一特点,进阶到基于化学变化的定量思维,自主建构了化学方程式计算的思维模型,促进了学生"比例与定量"跨学科大概念的进一步发展。

评价反馈。课程标准"教学评一体化"中的"评"是评价、反馈,促进学生反思、提升[18],与用于诊断学生所处的水平或层级的狭义评价相比含义更广。但在实施中也要避免评价的泛化和随机,不能为了评价而评价,要依据项目评价蓝图规划,对学生参与学习的过程和物化成果实施多元、分层评价,并及时给出针对性反馈,引领学生的学习方向,促进学生深度参与,交流反思,优化成果。比如在展示课环节,教师要支持学生自主展示、参与评价,但不能只是学生热闹的表演,教师的评价反馈、总结提升也不容忽视,教师每一次的反馈,都是对项目共性问题的高度概括和学生素养发展的凸显。因此,教师除了对核心知识进行结构化梳理(外显为结构化板书)外,还要引导学生在自述、互评中基于前期的探索或实验,进行有理有据的表达,使学生的化学观念(元素观、变化观)、科学思维(建构、应用"原理—

需求—装置"模型)、科学探究与实践、科学态度与责任等核心素养的发展外显化。在具体实践中,为确保所有人的核心素养都有所发展,还要考虑针对每个学生思考和成果的评价反馈,对此,在迭代以往研究成果的基础上,采用"小红书"进行评价反馈。[19]"小红书"是用一张 A3 红色纸手工折叠而成,共 8 页,除了封面、封底外,每一页都对应核心活动中学生的表现,促进每个学生在制氧机项目推进中核心素养发展的外显化。

文化塑造。 融合工程教育的跨学科实践活动需要学生参与创新性的工作,解决真实劣构的工程问题,产出满足一定需求和功能的创新性、差异化的产品。教师要相信学生的创造性,营造平等、探索、协同的文化氛围和勇于探索的文化,以一个不追求理想化、更开放的姿态面对课堂,这样学生才会在协同创新中表现得更加自如,在迭代反思中更加自信。在四个核心活动中,学生均需要在小组合作中制订合作计划,拆分探究任务,按照组内成员的擅长点分配展示任务。教师要营造团队协作的文化,发挥合作学习的优势,确保工程实践的高质量,同时也要关注每个学生的素养发展,避免个别学生因小组成员的"强势"而被忽视。因此,教师一方面要调动所有学生,与学生对话,探查每个学生的发展点,另一方面要对任务进行拆分,施以不同的策略——在高挑战性的调研、梳理、设计任务中,每个成员都需贡献智慧,此时宜突出"小红书"的评价反馈作用,组内采用协作方式;在复杂度较高的产品制作、展示交流等任务中,需要组内统筹安排、分工合作,此时宜采用"评委角色扮演法"等互动评价工具。[20]

3. 生成式人工智能等数字化赋能工具支持

工程产品需要满足用户使用场景和需求,要有可量化的标准,如"平均供氧量""供氧时间""氧含量"等,这就需要氧气含量传感器、平均供氧量测试仪等必要的数字化工具,对作品性能进行快捷检测。一方面,避免学生"天马行空",失去工程实践的意义;另一方面,为产品快速迭代优化、满足预设标准提供可视化支持。

近年来，国内讯飞星火大模型等生成式人工智能工具快速发展，可为一线教师更好地开展跨学科实践活动赋能。例如：可以利用"角色＋背景＋目标＋要求"的指令句式，让熟悉知识点教学的一线教师，在跨学科实践教学设计和实施中快速入手，提高效率（见图 3）。在评价反馈内容和方式上，使"人际＋人机"协作的评价成为可能，可以在持续的人机交互对话中进行数据采集，即时反馈学生的学习情况和表现。在强调产品形态创新、多样的工程实践中，灵感获取方式从在海量信息中搜索，造成严重认知负荷的"人找方案"方式，转向智能化聚合和重组后主动推荐的"方案找人"方式，使学生在解决劣构工程问题时开发出更多可行的解决方案。

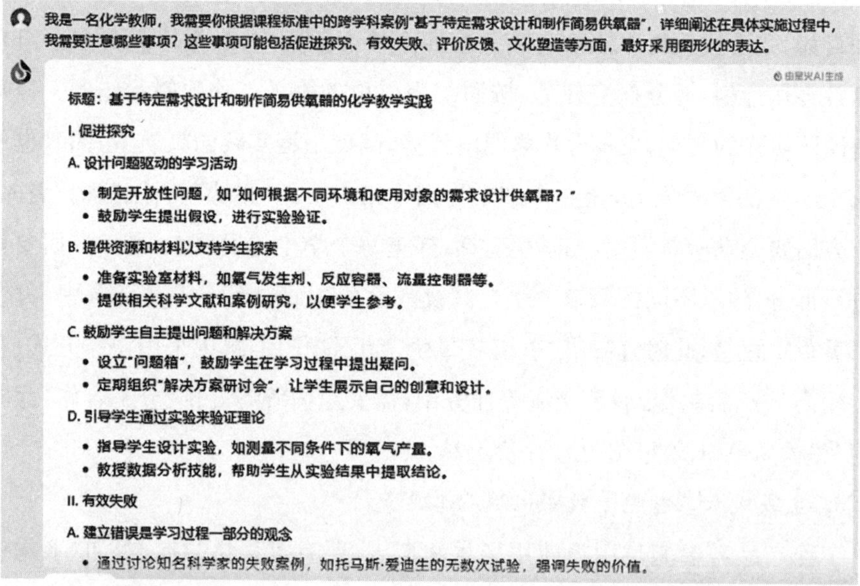

图 3　用"角色＋背景＋目标＋要求"指令句式提问后讯飞星火大模型生成的回答

三、成效与反思

（一）成效

在跨学科实践活动后，教师通过学生访谈、卷面评价等方式进行了考核，结果表明，由于模型有效地支持了学生在"基于特定需求设计和制作简易供氧器"这一真实的工程问题解决情境中的持续探究，营造了平等、协同和勇于探索的文化氛围，充分调动了学生的主观能动性，激发了深度学习和动手制作的动机，各项课程目标达成度较高。

（二）反思

1. 基于课标，需本土建构

如同目前生成式人工智能由于缺乏教育专有大模型的建构，生成内容会有偏误，需要师生进行决策和判断一样，虽然国际上已形成了多种以工程为中心的STEM跨学科教学体系，PLTW和OpenSciEd等项目也提供了丰富的课程资源，但融合工程教育的跨学科实践的设计实施，必须基于我国国情和2022年版课程标准话语体系进行本土化建构。

2. 融合应用，需灵活迁移

随着新课标和新教材的陆续高质量实施，本模型在融合工程教育的跨学科实践设计和实施中的应用，为克服前文提到的"异化"现象提供了行动指南。在后续"水质检测及自制净水器""制作模型并展示科学家探索物质组成与结构的历程"等与工程教育相关的问题情境中，师生可以迁移并灵活应用模型，将工程教育与跨学科实践有机关联，为工程人才培养助力。

期待模型能促进新课程和新教材从"文本"到"行动"落地，在共同探究和实践中,得以不断推陈出新、修正迭代,进而激发一线教师的跨学科意识,提升跨学科素养,丰富跨学科实践。

参考文献

［1］叶兆宁,周建中,杨元魁. 中小学工程教育的理念和关键路径[J]. 人民教育,2022(17):55-58.

［2］刘华,张祥志. 我国 K-12 工程教育现状及对策分析——基于创造力维度的思考[J]. 教育发展研究,2014,33(4):67-71.

［3］Crawley E, Malmqvist J, Ostlund S, et al. Rethinking Engineering Education: The CDIO Approach [M]. New York: Springer Science Business Media, 2007:7-39.

［4］Burke B N. The ITEEA 6E Learning ByDesign™ Model: Maximizing Informed Design and Inquiry in the Integrative STEM Classroom [J]. Technology & Engineering Teacher, 2014,73:14-19.

［5］National Academies of Sciences, Engineering, and Medicine. Science and Engineering for Grades 6-12: Investigation and Design at the Center [M]. Washington, DC: The National Academies Press, 2019:53-145.

［6］Ontario Ministry of Education. The Ontario curriculum, grades 1-8: Science and technology [EB/OL]. (2022-03-08)[2024-04-15]. https://www.dcp.edu.gov.on.ca/en/curriculum/science-technology.

［7］邹逸,金丽珍. 美国中小学工程教育改革的进展与启示[J]. 浙江师范大学学报(自然科学版),2024,47(1):113-120.

［8］王磊,胡久华,魏锐,等. 化学项目式学习的课程、教学与评价系统研究——北京师范大学化学教育研究团队20年研究历程与成果[J]. 化学教育(中英文),2022,43(16):24-29.

［9］［14］中华人民共和国教育部. 义务教育化学课程标准(2022年版)[M]. 北京:北京

师范大学出版社,2022:62-66.

[10] 马善恒,王楠,唐增富,等.义务教育阶段跨学科主题教学:内涵诠释、问题检视及实施策略[J].化学教学,2024(3):3-7.

[11] 刘徽,杨佳欣,徐玲玲,等.什么样的失败才是成功之母?——有效失败视角下的STEM教学设计研究[J].华东师范大学学报(教育科学版),2020,38(6):43-69.

[12] 夏雪梅.项目化学习中"教师如何支持学生"的指标建构研究[J].华东师范大学学报(教育科学版),2023,41(8):90-102.

[13] 杨砚宁,张巍.基于核心素养的"跨学科主题"实践活动与思考——以"简易吸碳机的制作"项目教学为例[J].化学教学,2023(8):49-55.

[15] 张晔,王磊,邱惠芬.基于义务教育化学课程标准的学业质量评价实证研究[J].中国考试,2023(1):74-87.

[16] 李朝辉,阎文丽.初中化学跨学科实践活动项目化教学——空间站长期驻留制氧方案[J].化学教育(中英文),2023,44(15):127-128.

[17] 乔啊娟.初中化学单元长作业的设计与实施[J].中学化学教学参考,2023(25):38-42.

[18] 李朝辉."教、学、评"一体化的学生高层次思维品质培养教学实践——以"空气中氧气体积分数的测定"为例[J].中学科技,2022(19):14-20.

[19] 李朝辉,阎文丽.单元整体教学的3+3层级式化学作业设计——以"化学的魅力"教学为例[J].中学化学教学参考,2022(7):27-29.

[20] 夏雪梅,等.项目化学习工具:66个工具的实践手册[M].北京:教育科学出版社,2022:97.

阎文丽　上海工程技术大学附属松江泗泾实验学校　化学教师　教龄30年

10. 融合SDGs的小学科学跨学科主题学习探索与实践

——以"节约用水我能行"项目为例

《义务教育课程方案（2022年版）》（以下简称《方案》）明确指出，跨学科主题学习是养成学生核心素养的重要路径，各门课程用不少于10%的课时设计跨学科主题学习。[1]相较于传统教学方式，跨学科主题学习强调以现实生活中的情境为起点，以解决具有实际意义的问题为归宿，引导师生探讨知识的迁移、综合、运用与交叉。[2]当跨学科主题学习成为各学科课程体系中不可或缺的组成部分时，如何有效实施无疑是一项重大挑战。科学课程作为一门具有较强实践色彩的综合性基础课程[3]，开展跨学科主题学习既带来了一系列挑战，也蕴含无限的教育机遇。联合国在2015年可持续发展峰会上提出的全球可持续发展目标（Sustainable Development Goals，以下简称SDGs）覆盖了经济、社会、环境等多元领域，其目标是通过全球的共同努力，实现人类与地球的和谐共生与可持续发展。[4]SDGs聚焦社会发展议题,致力于解决现实世界中的真实问题,为小学科学跨学科主题学习提供了设计方向和价值取向。本文以"节约用水我能行"项目为例,深入探讨小学跨学科主题学习与SDGs的契合度,并详细阐述融合SDGs的小学跨学科主题学习的系统设计路径与有效实施策略。

一、小学科学跨学科主题学习与SDGs的契合性

SDGs包含17个关键的全球发展议题,这些目标在内容上与小学科学跨学科主题学习紧密相关,在实施方式和目标定位上也显示出高度的契合性。

(一)目标定位:长远性与社会性

"态度与责任"是科学核心素养之一,在科学跨学科主题学习中这一核心素养的发展显得尤为注重,这与SDGs致力于激发全球公民参与、推进可持续发展的宗旨不谋而合。此外,涵盖了经济、社会、环境等多元领域的SDGs强调全人教育与终身发展,倡导在早期教育阶段就培养孩子们对全球挑战的认识和解决能力,两者的融合不仅提升了小学阶段科学学习的深度和广度,更能使孩子们从小深化对全球挑战的认识,甚至亲身参与到改变世界的实践之中,为其成长为具有创新精神和社会责任感的未来人才奠定基础。

(二)学习内容:真实性与价值性

SDGs涵盖的主题丰富多元且富有挑战性,包括贫困、饥饿、健康、教育、性别平等、清洁饮水、清洁能源、经济增长、和平正义等聚焦全球议题的17个目标[5],这为小学科学跨学科主题学习提供了丰富的问题情境和学习主题,比如探讨气候变化下的绿色能源、设计青少年的健康饮食等,这些都能作为具体的议题,使跨学

科主题学习更具现实意义和价值导向。两者的融合使得小学阶段的孩子们从小就养成关注社会热点、关心人类共同命运的良好品质,有助于发展其全面、系统的思考习惯和解决问题的能力。

(三) 实施方式:实践性与整合性

跨学科主题学习强调的"跨"和"融合"与 SDGs 所倡导的综合性、系统性解决问题的行动理念不谋而合。在融合 SDGs 的科学跨学科主题学习中,学生不再拘于课堂场域,而是开展如实地观察、现场探究等实践活动,甚至参与到社会改造的实践中去。这种形式打破了传统科学学科的界限,符合小学阶段儿童的身心发展特点。以 SDGs 相关议题为引领,整合学科知识的同时形成一体化的学习内容,有助于学生深入理解和掌握科学知识,发展沟通协作、问题解决等跨学科能力,也能让其亲身感受到自身行动对于推动社会发展和环境保护的价值,从而发展社会责任感和公民素养。

二、融入 SDGs:小学科学跨学科主题学习的设计路径

本文基于对"节约用水我能行"项目的深入剖析,从主题内容设计、学习目标系设定、问题链和任务簇构建、表现性评价开发四个关键环节,系统阐述融合 SDGs 的小学科学跨学科主题学习的设计路径。

(一) 挖掘 SDGs 与学科内容联系设计主题内容

1. 融合 SDGs 的小学科学跨学科主题内容选择原则

SDGs 涵盖了 17 个国际性的发展目标及其下设的具体指标,选择项目主题是将 SDGs 与教育实践相结合的关键步骤,教师需要深入分析 SDGs 的内涵与价值,

充分挖掘 SDGs 与跨学科主题学习的内在联系。具体而言,主题内容选择遵循以下原则。

(1) 结合科学学习内容与学生兴趣

在挑选跨学科主题时,既要兼顾科学教学要求,同时也需关注社会现实,进而引发学生的参与兴趣,例如回应与科学教育相关的社会热点议题或者解决与科学领域关联的社区面临挑战的主题,以增强项目的实践性和参与度。

(2) 强调持续性与长远影响

选择的跨学科主题不仅要激发学生当前的兴趣和投入,还要具有长远的教育意义,能够对学生的未来生活产生积极影响,例如与科学教育息息相关的节能环保等主题,进而引导学生在未来生活中继续关注和参与全球可持续发展的实践。

(3) 注重跨学科实践与创新

基于 SDGs 选择的主题应具有跨学科实践的特点,鼓励学生运用跨学科视角分析问题,通过实地调研、模拟实验、方案设计等多样化的实践活动探索和解决 SDGs 相关的问题,引导学生在实践中发展创新创造和解决复杂问题的能力。

2. 融入 SDGs 的小学科学跨学科主题学习内容设计

上海作为一座国际化大都市,地处江南水乡,常被视为水资源充足的地区。然而这一假设忽视了其背后的真实情况:上海被列为全国 36 个水质型缺水城市之一,并被联合国预测为 21 世纪洁净饮用水严重缺乏的世界六大城市之一。鉴于此,在科学教育中引导学生在日常生活中节约用水,对于建设可持续城市具有重要的现实意义。笔者基于以上三条原则,深入挖掘小学科学教育内容与 SDGs 的内在联系,结合上海科教版一年级上册《自然》中的"到处都有水"单元,融合 SDGs 中的目标 6(清洁饮水和卫生设施)第 3 项"改善水资源的质量和可持续性"和目标 11(可持续城市与社区)第 6 项"促进可持续的城市化",系统性地设计了小学科学跨学科主题学习"节约用水我能行"(见图 1)。

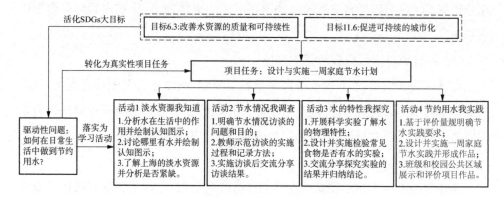

图1 "节约用水我能行"主题内容框架

"节约用水我能行"项目聚焦学生现实生活中的真实问题"如何在日常生活中做到节约用水",旨在提升学生对水资源重要性的认识,鼓励他们在日常生活中践行节水理念,确保了跨学科主题具有广泛的社会意义和影响力。与此同时,学生进行访谈调查、科学实验、方案设计与实施、展示交流等多样化的学习实践,通过自身的节水行动建构跨学科知识,发展跨学科素养,同时积极参与到节约水资源、推动全球可持续发展的实践中来,从而为实现SDGs作出力所能及的贡献。

(二) SDGs和学科核心素养并线设定学习目标系

在教育实践中,教师需要将SDGs的宏观目标细化为具体、可执行的学习目标。以"节约用水我能行"为例,该项目融合了SDGs的目标6"清洁饮水和卫生设施"和目标11"可持续城市与社区"。笔者通过深入分析这两个宏观目标及其子指标,精心筛选出与项目内容高度相关的特定领域。在确立学习目标时,笔者综合考虑学生学情,采取SDGs和科学核心素养并线设计的方式构建了学习目标系(见表1)。这种双重视角并线设定学习目标的方式,确保了学习目标与SDGs相一致,同时也与科学核心素养的学习进阶相匹配。

表1 "节约用水我能行"学习目标系

维度		学习目标内容
1 学科核心素养	1.1 科学观念	1.1.1 通过淡水资源分析,认识到上海可用的淡水资源极其有限,意识到节约用水的紧迫性与必要性。 1.1.2 知道水是一种无色、无味、具有流动性的物质。 1.1.2 通过检验是否有水的实验,认识到食物中都含有水。
	1.2 科学思维	1.2.1 基于生活经验分析并列举生活中浪费水资源的现象。 1.2.2 基于生活经验提出物品是否有水的假设,通过实验现象进行科学论证。 1.2.3 基于家中浪费水资源的问题,能够提出切实可行的一周节水计划。
	1.3 探究实践	1.3.1 设计实施检验常见食物是否有水的实验并利用图文完成实验记录。 1.3.2 通过观察和实验,基于证据归纳出水的特征并与同伴进行交流和评估。 1.3.3 通过制订并实施家庭节水计划等方式,提升动手操作和创新实践的能力,在反思改进家庭节水计划过程中深化对节水的理解并增强实践能力。
	1.4 态度责任	1.4.1 通过地球水资源分析,意识到每个人都应承担起保护水资源的责任。 1.4.2 通过节水实践活动,养成自觉节约用水的良好习惯,愿意积极倡导节水理念,发展为他人、学校、社区服务的意识。
2 跨学科素养	2.1 批判性思维	2.1.1 基于评价量规合理评价他人的一周节水计划及实践,并提供优化改进意见。
	2.2 问题解决	2.2.1 发现家庭或学校中浪费水资源的情况并通过实际的节水行为初步解决问题。

表1展示了SDGs与科学核心素养整合的学习目标系,通过这种方法让学习目标得以具体化、操作化。本项目学习目标系设计聚焦学生的知识整合与迁移应

用,从而实现知识的实践性转化。此外,学习目标设定还有效地将 SDGs 的普遍价值与学生个人学习经验相结合,这种结合强调学生对可持续发展议题的理解,旨在引导学生在认知、情感和行为层面上,对可持续发展目标形成全面而深刻的理解。

(三) 聚焦目标达成构建问题链和任务簇

对于认知与执行能力有限的一年级小学生来说,"设计与实施一周家庭节水计划"的任务极具挑战性,因此,"节约用水我能行"项目基于核心的驱动性问题,精心设计了四个关联紧密的子问题,每个子问题都对应一个指向具体学习目标达成的子任务(见表2),进而提升学生的任务参与性与完成度。

表2 "节约用水我能行"问题—任务—目标一致性设计

学习活动	问题链设计	任务簇设计	素养目标
活动1 淡水资源我知道	身处上海的我们缺水吗?	基于教师提供的资料归纳总结地球上有水的区域,分析上海可用的水资源情况	1.1.1 1.4.1
活动2 节水情况我调查	周围的人在节约用水方面的实际情况如何?	对家人或者同学(3位以上)进行访谈,了解他们的节水情况	1.2.1 2.2.1
活动3 水的特性我探究	水有什么特点?	基于教师提供的材料实施科学实验,了解水的物理特性	1.1.2 1.3.2
	常见的食物中是否含水?	实施科学实验,并基于现象科学分析主食、肉类、坚果、蔬菜等常见食物中是否含水	1.1.3 1.2.2 1.3.1
活动4 节约用水我实践	在日常生活中如何做到节约用水?	通过视频和图画结合的方式展示一周的节水行动和其中的收获与体会	1.2.3 1.3.3 1.4.2 2.1.1

问题—任务—目标一致性的设计,旨在通过分解复杂的问题与任务,为学生提供一个具体、可操作的学习锚点,将学习历程变为解决问题、完成任务的过程,使学生能够在解决子问题的过程中,逐步构建起对整个任务的理解。与此同时,子任务的难度是逐渐递增的,这为学生提供了一个由浅入深的学习路径。学生在完成难度递进的子任务的过程中,需要将内在的思维、能力以及态度情感外显化,这为教师提供了直观的评价证据,进而根据学生在此过程中的表现和结果,评估其是否达到了表2中的学习目标。

(四) 关注真实学习表现开发表现性评价

融合SDGs的小学科学跨学科主题学习注重学生问题解决能力和批判性思维的发展,但是这些学习素养难以用纸笔测验来评估。评价学生在跨学科主题学习中的成效是一个复杂的过程,因此,本项目主要采用表现性评价,它是在尽量合乎真实的情境中,运用评分规则对学生完成复杂任务的过程表现/结果作出判断的一种学习评价方式。[6]学生面临的任务"设计与实施一周家庭节水计划"没有唯一解,为了确保学习评价活动与学习目标的一致性,需要设计针对性的评价规则,以对学生的作品和实践表现进行合理评估。在"节约用水我能行"项目中,充分发挥学生的自主权,师生首先共同商讨家庭节水实践的具体要求,然后形成具有可操作性的项目作品评价量规(见表3)。

表3 "设计与实施一周家庭节水计划"评价量规

评价维度	优秀 (3分)	良好 (2分)	合格 (1分)
节水方式	一周中进行了3种形式及以上的节水行动	一周中进行了2种形式的节水行动	一周中进行了1种形式的节水行动

(续 表)

评价维度	优秀 (3分)	良好 (2分)	合格 (1分)
节水频率	一周中 **6—7 天**在家中或学校里进行节水行动	一周中 **4—5 天**在家中或学校里进行节水行动	一周中 **2—3 天**在家中或学校里进行节水行动
展示分享	通过**视频和图画**的方式为同学们展示自己一周的节水行动	通过**视频或者图画**的方式为同学们展示自己一周的节水行动	通过**口头表述**的形式为同学们说明自己一周的节水行动
行动思考	通过**视频或者图画**的方式呈现自己节水行动的收获与体会	通过**文字或者拼音**的方式呈现自己节水行动的收获与体会	通过**口头表述**的形式呈现自己节水行动的收获与体会

如表 3 所示，本量规从节水方式、节水频率、展示分享以及行动思考四个关键维度对学生的真实学习表现进行综合评估，每个维度都有三个不同等级的清晰、具体的描述。该量规融入整个项目中，引导学生的深入实践。

1. 任务前：明晰项目表现目标和要求

前置性的评价量规为学生提供了一个关于"一周家庭节水实践"的明确的行动基准，明晰在完成任务过程中，自己"要做什么"以及"做到什么程度"，引导学生能够规划并迭代实施一周的节水方案。

2. 任务中：根据评价反馈优化完善项目成果

在任务完成过程中，评价量规充当形成性评价工具，为学生达成学习目标提供了明确的方向和指导，引导学生在项目实施过程中对节水实践进行自我监控和调节，从而促进其作品和表现的持续改进和完善。

3. 任务后：基于评价量规进行自评和他评

评价量规为教师和同学提供了评价基准。通过这一量规，展示者可以合理地进行自评活动，其他同学则可以对展示者的节水实践表现进行针对性评价，并提出有理有据的反馈和优化建议。

三、走向 SDG:小学科学跨学科主题学习实施策略

融合 SDGs 的小学科学跨学科主题学习旨在将联合国可持续发展目标整合到小学科学教学实践中,发展学生的科学核心素养、国际视野和社会责任感。在学习实践中达成 SDGs 的关键性实施策略如下所述。

(一) 图画可视化表达:促进学生对 SDGs 的深入思考

在小学阶段,图画一直是一种强大的工具,它能够引导学生以直观和创造性的方式表达个体思考。特别是在融合 SDGs 的科学跨学科主题学习中,图画不仅能够促进学生对 SDGs 的深入理解,还能够激发其创造力和参与热情。以下是"节约用水我能行"项目的具体实践。

1. 呈现学生关于 SDGs 的丰富观念

学生的先前观念是他们获取新知的基础,了解先前观念能够帮助教师评估学生对特定主题的现有认识并据此调整教学策略。[7]在融合 SDGs 的小学科学跨学科主题学习中,图画可以作为一种有效的工具来呈现学生关于 SDGs 的先前观念以及对基本概念的理解。例如,在本项目活动1"淡水资源我知道"中,学生面临的问题是"地球上哪里有水"。他们用笔在白纸上勾勒出了各式各样水的形态与存在:有的孩子画了水龙头下滴落的水滴,有的描绘了雨后积水的小水坑,还有的用抽象的蓝色波浪线条表现了水的无处不在……(见图2)无论是具体的场景还是抽象的符号,都直观地反映了学生们对水的认知。在此过程中,教师适时介入,如提出问题、提供信息支持等,不断引导学生从不同角度审视问题,深化了学生对淡水资源重要性的认识,也使得整个学习过程更加丰富和深入。

 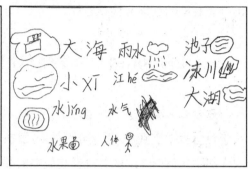

图 2 "地球上哪里有水"图画表达

2. 展示 SDGs 方案设计与迭代

图画式的 SDGs 设计方案能够清晰地展示学生关于节水实践的思考,让认知能力有限的低年级学生易于理解,使得抽象的 SDGs 方案变得触手可及。而且对 SDGs 设计方案的深入讨论,能够引导学生基于可视化图画客观地评价他人的方案,尊重他人创意的同时提出自己有理有据的见解,进而促进其批判性思维的发展。例如,在本项目中,学生通过图画将"一周家庭节水计划"具象化,每一幅作品都是他们智慧与创意的结晶。如图 3 所示,学生用图文结合的方式展现家庭中

 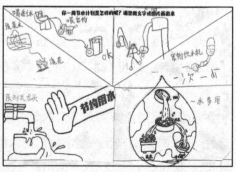

图 3 "一周家庭节水计划"图画表达

不同场景下极具参考性的节水实践,并且提出了具有独创性的节水标语。与此同时,在展示节水方案环节,为了引导学生们深入思考每个方案的可行性和有效性,教师问道:"这个方案在实际操作中会遇到哪些挑战?我们如何克服它们?"这样的问题促使学生进一步思考方案的实操性并不断优化。此外,教师鼓励学生对可视化的节水方案进行相互评价,基于证据对他人的作品提出建设性的反馈意见。

(二) 融入多样化支架,引导学生进行 SDGs 的持续性探究

因为问题的复杂性、任务的高交互性以及认知能力有限,小学阶段的学生在解决复杂问题的过程中面临重重挑战。为了支持学生进行 SDGs 持续性的深度探究,教师可以设计并实施结构化、模型化、问题化和知识化四类学习支架[8],为学生提供丰富、有效的支持。

1. 结构化学习支架:引导学生进行 SDGs 深度探究

结构化学习支架旨在通过对学习过程的解构来引导学生的深度探究。本项目提供结构化学习支架的方式是将复杂学习任务分解。在"节约用水我能行"项目中,笔者设计了"淡水资源我知道""节水情况我调查""水的特性我探究""节约用水我实践"四个学习活动,每个活动包含一个子问题和子任务(见表2),子问题的解决和子任务的达成都是服务于"设计与实施一周家庭节水计划"这一真实任务的,并为下阶段的学习提供相应的指导和支持,进而引导学生有序地开展探究活动。

2. 问题化学习支架:激发学生对 SDGs 的探究热情

问题化学习支架通过提出具有挑战性的问题来激发学生对 SDGs 的好奇心和探究热情,引导学生循序渐进地解决真实问题。在"节约用水我能行"项目中,笔者根据学生的认知水平和兴趣点,精心设计了一系列开放性问题。

☑ 我们的城市淡水资源短缺,我们可以采取哪些措施来应对这一挑战?
☑ 家庭中有哪些常见的浪费水资源的行为?我们如何减少这些浪费?
☑ 我们应该怎样在家中实施节水行动?请列举几个具体的例子。
☑ 在进行节水实践时如何平衡节水效果与生活便利性?

这些问题不仅与节水主题紧密相关且具有启发性,能够引导学生进行深入思考和讨论。通过回答这些问题,学生不仅能够更深入地理解节水的重要性和紧迫性,还学会从多角度分析问题,有理有据地提出创新的家庭节水方案,促进批判性思维的发展。此外,问题化学习支架还鼓励学生进行小组合作,通过集思广益来探索问题的答案,这一合作学习过程提升了学生的有效沟通和团队协作能力。

3. 模型化支架:提供 SDGs 实践多样化示例

模型化支架是为学生提供示范,例如过程实例、产品实例和建模实例。在学生进行 SDGs 实践的过程中,教师为其提供多样化实例。例如,在本项目活动 2 "节水情况我调查"中,因为一年级学生的访谈能力有限,所以教师亲身进行示范,引导学生掌握节水访谈的具体内容和要点;在活动 4"节约用水我实践"中,为了引导学生顺利开展一周节水实践,教师为学生提供了一周家庭节水实践的样例视频,并且引导学生基于评价量规对其进行点评,通过此方式促使学生在共同讨论和评价中深刻理解完成 SDGs 任务的要求,明确在任务中自己"要做什么"以及"做到什么程度"。

4. 知识化学习支架:促进知识迁移应用达成 SDGs

知识化学习支架旨在通过提供必要的知识和信息,引导学生构建知识体系,促进学生理解知识并在达成 SDGs 的过程中将其灵活地迁移和应用。它常常与其他类型的支架整合在一起使用。例如,在活动 3"水的特性我探究"中,学生在"基于证据分析常见食物中是否有水"前必须掌握检验物品中是否含水的各种方法。

对此,笔者通过文本图片和实验步骤视频等形式为学生提供知识化学习支架,与此同时为学生提供教师实验演示的模型化支架,充分支持学生开展检验常见食物中是否有水的实验并基于证据进行分析和论证。

四、结语

本文深入探讨了如何将SDGs与小学科学跨学科主题学习进行有效融合,并以"节约用水我能行"项目为例,详细阐述了该学习模式的设计路径和实践策略。在融合SDGs的小学科学跨学科主题学习实践中,笔者感受到一个明显的教学挑战:尽管学生对SDGs表现出认知上的理解,并认识到其重要性,但在将其转化为具体、持久的实践行为方面仍存在显著的障碍。换言之,学生在知识层面上对SDGs的理解与他们在实际行动中体现这些目标之间存在差距。为有效促进学生将对SDGs的认识转化为积极主动的行动,教师需要设计更具互动性、参与性的学习活动,让学生在实践中体验SDGs的价值。例如,设计基于真实情境的学习实践活动,让学生在实际的行动中体验解决现实世界中的真实问题、为社会作出力所能及贡献的荣誉感和使命感,从而增强其行为改变的动机。此外,通过定期的SDGs实践跟踪评估和反馈机制,可以持续监测学生的行为变化,并为其及时提供支持和激励,以促进SDGs行为的长期效果。总之,SDGs为科学教育提供了富有价值且行之有效的实践视角,将SDGs融入小学科学跨学科主题学习之中,不仅有助于学生核心素养的发展,而且为推动全球可持续发展目标的实现奠定了坚实的基础。期待在未来的研究中能够对这一领域开展更深入的探索,进一步挖掘小学科学跨学科主题学习在促进学生核心素养发展和实现可持续发展目标方面的潜力,为教育实践提供更多的理论支持和实践参考。

参考文献

[1] 中华人民共和国教育部. 义务教育课程方案(2022年版)[M]. 北京:北京师范大学出版社,2022:3-5.

[2] 袁丹. 指向核心素养的跨学科主题学习:意蕴辨读与行动路向[J]. 课程·教材·教法,2022,42(10):70-77.

[3] 中华人民共和国教育部. 义务教育科学课程标准(2022年版)[M]. 北京:北京师范大学出版社,2022:1.

[4] 李永慧,姚植操,夏珺玮. 基于SDGs的"未来小公民"项目化课程开发与实践[J]. 中小学信息技术教育,2023(6):20-22.

[5] UNDESA. The 17 Goals [EB/OL]. [2024-05-15]. https://sdgs.un.org/goals.

[6] 孙宏志,解月光,张于. 核心素养指向下高阶思维发展的表现性评价设计[J]. 电化教育研究,2021,42(9):91-98.

[7] 陈梦寒,尹迪,于洋,赵赛男,王晶莹. 科学教育中的概念转变:理论观点、代表模型与实施路径——以物理学科为例[J]. 首都师范大学学报(自然科学版),2024(1):1-10.

[8] 李梅,葛文双. 基于项目的在线协作学习支架策略探究[J]. 现代远距离教育,2021(1):40-47.

舒兰兰　上海市实验学校东校　小学科学/综合实践活动教师　教龄8年

第三章

主题融合：获得新体验

"五育并举""五育融合"作为新时代我国教育改革和发展的重要政策概念,既是不同的,不能混为一谈,又是相互关联的,不能割裂和对立。"五育并举"主要聚焦"全面发展教育的体系问题",解决"智育"一家独大,其他各育不受重视、被边缘化的问题,重新构建和完善全面发展教育的新体系。"五育融合"则主要聚焦"全面发展教育实施机制和方法问题",针对实践中出现的"五育"彼此孤立、相互竞争和各自为政的问题,促进"五育"的有机融合和整体实施。

　　(《从五育并举到五育融合:内涵、合理性与实现路径》,石中英、董玉雪、仇梦真,《中国教育学刊》2024年02期)

11. 一盘"有戏"的蔬菜沙拉

——教育戏剧与多学科融合之间的化学反应

一个阳光明媚的下午,我坐在学校的图书馆里,手中拿着一本关于环境科学的书。这本书并不是我所教学科要求的读物,而是我自己出于兴趣选择的。在阅读的过程中,我突然意识到,这本书里提到的许多概念和理论,与语文、数学、自然等多个学科都有着紧密的联系。比如,书中提到的气候变化问题,不仅与地理中的自然环境和生态系统相关,也涉及历史中人类活动对环境的影响,以及数学中用于预测气候模型的复杂算法。这让我意识到,如果我们能够将这些不同学科的知识融合在一起进行教学,那么学习将会变得更加有趣和深入。想象一下,如果我们在历史课上不只是学习历史事件和人物,而是结合环境科学的知识,探讨人类活动对自然环境的影响,以及这些影响如何反过来塑造历史的发展,那么历史将不再只是一堆枯燥的记忆,而是一门充满挑战和启发的学科。这样的教学方式不仅能够帮助我们建立跨学科的知识体系,还能够提高我们的综合能力和创新思维。由此,我们便开启了多学科融合的研究之路。

一、学科融合之惑:探索学科合作的困境

我们认为,从学科教学中的"问题"出发,寻找多学科融合的切入口,是一种务实且富有洞察力的方法。因此,首先要明确学科教学的"问题"有哪些?

(一) 破碎的学科知识

学科知识缺乏整体性建构。很多学科的教学内容、核心素养、教学目标、教学方法等都差不多,教师们会在不同程度上把各学科的知识串起来,变成具体的教学内容,但在实际教学过程中,教师们对整体观念的意识不强,能力有限,资源不足,导致给学生呈现的课程内容破碎化,学科之间的界限分明,这对学生的全面发展不利。

(二) 分散的学科能力

学科能力缺乏内在性关联。从内容上看,分科课程让很多学生的思维变得固定,解决问题的方法也很单一。从形式上看,基础教育的课程大多采用的是接受式学习,使学生难以把所学知识用在真实情境中,不太擅长综合性和创新性地解决问题。因此,我们发现课程整合缺乏纵向连贯,没有从学生的核心素养出发,形成知识整合、问题解决、价值关心的三位一体的核心素养培养内在联系。

(三) 迷失的育人价值

学科价值缺乏一致性关切。在学科教学中,由于教学内容本身的局限和老师

对教学价值观念的片面理解,大部分教师在教学中忽略了学科教学的育人价值,忽视了情感、态度和价值观的多元化培养,忽视了对学生综合素养的提升和完美精神世界的构建。此外,在培养过程中,对学生人格的培养还不够聚焦。现在,如何培养学生解决实际问题的能力成了让教师们头疼的问题。

二、学科融合之基:构建学科合作的框架

基于以上问题,我们该如何打破学科壁垒,实现学科融合的创新之路呢?

(一)创新之旅的指南

在问题探索的过程中,我们以学科融合的意义和价值为关键词,找到了相关的理论基础,如多元智能理论和建构主义学习理论。

霍华德·加德纳提出的多元智能理论认为每个人都具有多种智能,如语言智能、数学逻辑智能、空间智能、身体运动智能等。多学科融合教学,正是基于多元智能理论的一种教学实践。它倡导将不同学科的知识和技能相互结合,通过多学科的课程设计,让学生在学习过程中能够接触更广泛的知识领域。这种教学方式不仅能够激发学生对学习的兴趣,而且有助于他们发现和培养自己在多个智能领域的潜能。通过多学科融合教学,学生可以在实践中学习如何将不同学科的知识进行综合运用,从而促进认知能力的全面发展。此外,多学科融合教学还鼓励学生进行批判性思维和创造性思考,这对于培养学生的问题解决能力至关重要。在这样的教学模式下,学生被鼓励去探索、质疑和创新,而不仅仅是被动地接受知识。通过这种方式,学生能够更好地理解知识之间的联系,形成更为全面和深入的理解。

建构主义认为学习是学生主动建构知识的过程,而不是被动接受的过程。多

学科融合教学通过提供多样化的学习资源和情境,帮助学生自主建构知识体系,培养问题解决能力。这种教学模式不仅关注学科知识的传授,更注重学生能力的培养,尤其是批判性思维、创新能力和多学科整合能力的培养。通过多学科融合教学,学生能够在不同学科之间建立联系,形成更全面和深入的理解,从而更好地应对复杂多变的现实问题。通过遵循建构主义和多学科融合的理念,我们可以设计出更加有效的教学策略和活动,真正实现以学生为中心的教学模式,促进学生的全面发展。

这些教育理论无疑为我们的研究提供了坚实的理论基础,使我们能够更加深入地理解学习的本质和过程。同时,这些理论也让下一步的教学实践有法可依、有章可循。

(二) 创新之门的钥匙

在强有力的理论基础上,我们通过探索育人方式变革与多学科融合教学之间的逻辑关联,基于"融什么"维度和"如何融"方式探索多学科融合教学的有效策略。同时,经过研究,我们还发现教育戏剧这种创新的教学方法,可以运用戏剧的元素和方法来开展相关教育教学活动,它具有开放性、情境性、体验性、综合性的特点,非常符合跨学科主题教学理念。国内外的大量研究也表明:教育戏剧可以融合语、数、英、音、体、美等学科知识,实现学科知识的交叉和整合,是学科间渗透和融合的有效教学方式之一。

由此,我们尝试以教育戏剧为抓手,探索基于育人方式变革的多学科融合教学的基本方式,从而通过多学科融合教学,促进育人方式变革,以期从知识学习、思维培育、学科育人等维度探索学科美育,培育时代新人(见图1)。

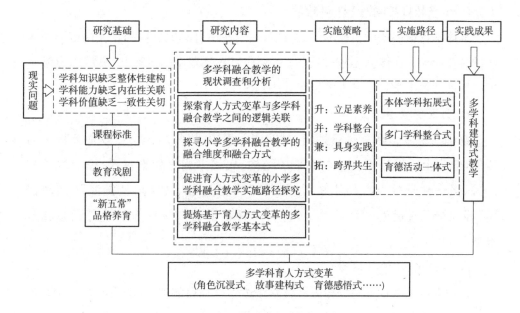

图 1 走进学科融合实践思路图

三、学科融合之韵:演绎学科协同育人

基于以上学科融合实践思路,我们以教育戏剧的形式开展小学多学科建构式教学,即语文、数学、英语、体育等多门学科的教师根据共同的学习主题,分析各学科的基本知识和核心素养,找到不同学科间知识的连接点和整合点,将学科知识进行串联,通过一学年的时间,从不同角度开展学科协同教学,并将戏剧元素和方法有机渗透到教学过程中,推动多学科建构式教学活动的开展。

(一)当教育戏剧遇上学科教学

本体学科拓展式就是在本体学科下,运用并整合其他学科的相关内容开展多学科融合活动。在课程实施过程中,充分运用教育戏剧的元素和手段,引导学生更深刻地理解本学科的基本思想和方法。

1. 创设情境,激发兴趣

教师在课堂上注重创设情境,把戏剧元素引进课程教学,使教师上得生动活泼,学生上得轻松愉快。以戏剧的结构、要素来构思教学过程、完善教学方法,以强化教学效果。具体来说,就是将戏剧艺术中的"角色扮演""戏剧情境"等戏剧元素运用于学科教学,作为一种新型的教学法为单学科课堂教学服务。

2. 搭建平台,学科拓展

运用戏剧元素设计各种体验并将其渗透到教育教学中,让身边的每一个地方都成为一个小小"舞台",让每一个孩子都能成为自己心目中的小小"演员"。有目的地将枯燥抽象的内容寓于十分有趣的引人探求的情景之中,以引发学生一定的态度体验,从而帮助学生理解与获取知识和技能,并使课堂教学形象化、趣味化、交际化。学生在课堂上、舞台上,体验知识、体验生活、体验生命,不仅提高了学生对艺术的感受力、鉴赏力和创造力,更让学生在表达、沟通、团队合作及树立自信心等方面得到了发展。

3. 求同存异,兼容并蓄

戏剧教育是一场艺术与教育兼备的旅程。玩戏剧,会给孩子更多可能。心理情景剧通过团体成员扮演日常生活问题情境中的角色,使成员把平时压抑的情绪通过表演得以释放,同时学习人际交往的技巧以及获得处理问题的灵感并加以练习。借助学校特色发展项目——教育戏剧,研究"教育戏剧"与"心理情景剧"教学的相融之处,通过国内外优秀案例的学习和实践研究,挖掘两者的共通之处,既提升了"心理情景剧"的地位,又挖掘出"教育戏剧"更多的可能性,让两者都有更多的用武之地,最终让学生能在"玩"的过程中充分地释放自己,在体验中产生兴趣,在兴趣中寻找"真我",让两种教育手段达到"共赢"(见图2)。

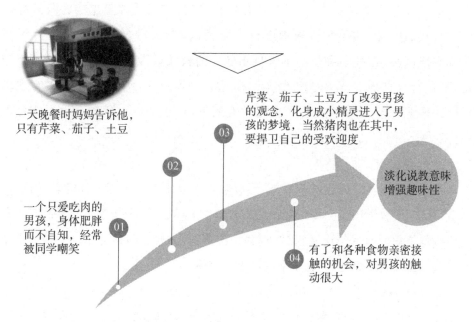

图2　教育戏剧与心理情景剧相遇之《我爱吃肉》

(二) 当教育戏剧融合学科教学

作为教育戏剧特色学校,我们在教育戏剧课程构建的实践探索过程中,在本体学科拓展的基础上,积极寻求突破点,建立与多学科之间的新联系,形成多元支持、多向策应、多方聚力的多学科融合驱动教学。经过前期大量的研究、分析,我们将"新五常"综合课程①作为突破点,探索教育戏剧在多学科教学中的功能,以及基于教育戏剧的多学科教学的路径和策略。"新五常"综合课程是围绕"我与自己""我与自然""我与社会"三个维度设计课程目标的。

1. 课堂重构

我们借助教育戏剧这一载体,进行课程重构,首先是课堂重构。我们组织语、数、英、音、体、美等学科教师进行大胆尝试,选取适合学生阅读的传统经典读本或范文,在其中寻找与本学科相融合的教学切入点,进行深入解读与挖掘,形成符合自身学科学习的教学目标,围绕文本这一个大主题进行教育戏剧主题式教学设计,让学生在传统文化的浸润下,初步形成学科整合学习的意识(见图3)。

2. 情境实践

我们先将文本改编成剧本大纲,形成融剧本大纲与教案为一体的教学设计,营造"真实"的教学环境。每一堂课是文本的一个场景、一个情景、一个细节,主题建构教学是一个前后勾连又相对独立的"独幕剧"。通过前情介绍、画外音、引子戏等戏剧方法,将"分幕式"教学形成一个大整体。

3. 具身体验

在整个融合教学中,学生和教师不再是本身,而是化身为课堂所需要的文本中的角色或者与文本有关的角色。教师入戏后,引导学生作为文本角色在情景中完成学习任务。学生的课堂代入感强,学习兴趣浓厚,既解决了学生学习内驱力的问题,又让学生在多学科学习过程中学会合作、思考、创新(见图4)。

---

① 儒家五常指"仁、义、礼、智、信",它是中华民族传统美德的核心价值理念和基本要求。我们在新时代背景下赋予"五常"一种新的内涵,也就是"新五常"——"礼、孝、仁、智、信"。"新五常"综合课程就是以"礼孝仁智信"为育人核心,以教育戏剧为载体,以多学科融合实践的形式,培养学生成为懂"礼"(礼仪文明)、知"孝"(感恩孝敬)、讲"仁"(团结友善)、明"智"(明辨是非)、守"信"(诚信担当)的现代公民。

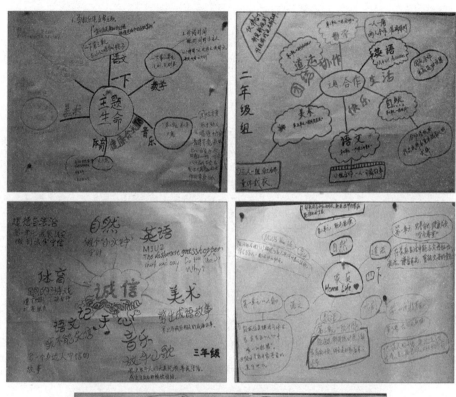
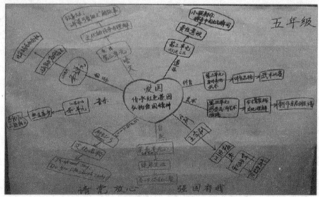

图3 教育戏剧与学科融合初探

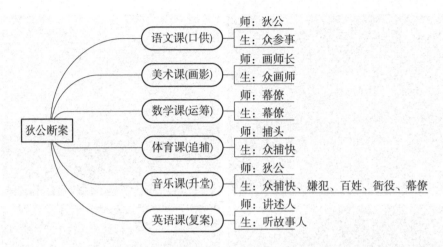

图 4　学科融合"狄公断案"之角色设计

在研究和实践过程中,我们将教育戏剧元素、教育戏剧方法、学生核心素养等进行综合考量,初步形成了多学科整合教学的意识。这样的课程超出了用单一学科知识、思维解决本学科问题的范畴,凸显了学科间相互整合的效果,让课程学习、思维发展、育德过程有一定的完整性和综合性(见图5)。

图 5　学科融合"狄公断案"教学设计路径

(三) 当教育戏剧催化学科融合

"新五常"综合课程就是在大概念的理念下,以大任务、大问题作为整个教学的核心问题,设计出在解决核心问题时可以融入的多学科学习内容。在系列化的活动中,教师运用教育戏剧的方法,引导学生进行自主探究与知识建构,使学生在多学科实践共同体和学习实践共同体中,通过情境式、体验式、交互式和全程式的过程,认识自我、塑造自我、发展自我,促使品行自觉内化,从而达到"润物细无声"的教学效果(见图6)。

图6 核心素养导向下的学科融合教学设计路径

以五年级指向"信"的"新五常"多学科融合教学课程"狄公断案"为例。我们在"狄公"这个人物背景下,创编了一个"县城的银库被盗"案件。

课上,我们以教育戏剧的方法创设情境,随即提出大任务、大问题"追捕逃犯",然后通过"起承转合"多学科融合实践的路径,设计和实施了整个教学活动。每个活动都有一个核心任务的驱动,如语文课分析案情、美术课画逃犯画像、数学课制定缉拿方案等。在此过程中,学生扮演参事、画师、幕僚等不同身份,了解并体会角色身份的感受及看法,进行有效的询问和探索,在协作探索中完成一个个任务。

随着任务的完成,学生了解了案犯偷盗的原因和整个偷盗过程,而且更有意思的是,产生了现实生活中真实问题的思考,如在迫不得已的情况下,我该不该守信?作为好友,我是"坚守诚信"还是"乐于助人"呢?面对别人犯错,我该不该制止?此外,学生对于人际关系及社会关系也有了多角度、更全面的理解。

通过学科融合的教学设计,学生在"共知""共情""共理"下对"信"的内涵和外延有了一个新的认识高度。学生从事实性的知道到学科知识情境意义的理解,再到解决问题的启智增慧,最终实现从知识到观念的提升、转变、反思与表达,并且发展了社会性情感、社会核心价值观,实现品格的培育(见图7)。

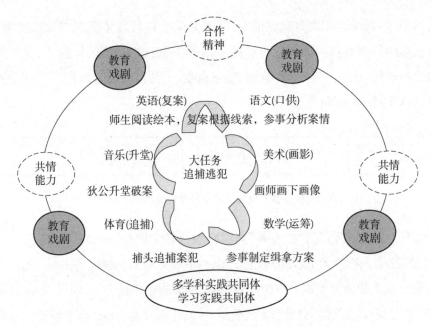

图 7 核心素养导向下的学科融合"狄公断案"实施策略

四、学科融合之美:实现核心素养的实践

在新课标的引领下,我们在推进过程中明确了育人方式变革的目标,既要调整"教"的方式,重视学科知识的统整与学生综合能力的培养,也要更新"学"的方式,以具身性的参与、合作式的学习,撬动传统育人方式,培养面向未来生活的全面发展的人。

(一) 从设计到实践的连贯之美

1. 多学科融合教学的设计路径

通过学科研讨和专家指导,在多学科融合教学下,我们形成了明确育人目标—确定教学主题—锁定教学内容—制定教学目标—开发教学设计—选择教学方法—优化教学评价的设计路径。每一个步骤都以大教研形式开展活动,做到思想统一、目标统一、行为一致、互为补充,扎实每一个步骤,从而解决多学科融合教学实际操作过程中的时空保障、人员保障问题(见图8)。

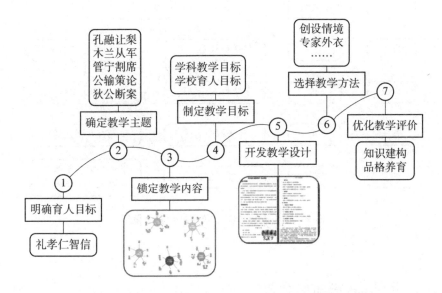

图8 核心素养导向下学科融合之"新五常"综合课程设计路径

2. 多学科融合教学的实施策略

《义务教育课程方案(2022年版)》将"变革育人方式,突出实践"作为义务教育课程应遵循的基本原则之一。我们也始终以素养培养为指向,全方位渗透"实践育人"的价值取向。在具体的实施过程中,我们从多学科融合教学的目标、知识、方式和价值四个维度,运用"升""并""兼""拓"的方式,实现学生从"单学科核心素养"到"多学科综合核心素养"、"单学科知识结构"到"多学科知识结构"、"传统教学方式"到"教育戏剧渗透",以及"学科知识"到"学科知识、思维、育德三位一体",

从多层面落实育人方式的变革(见图9)。

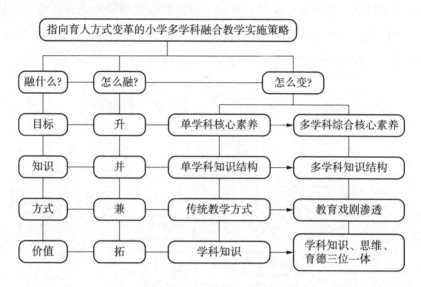

图9 核心素养导向下学科融合教学策略

(二) 从理念到实践的转变之美

1. 融合趋同：学科育人之变

围绕"礼孝仁智信"学校育人目标,在课程推进过程中,我们形成了包括本体学科拓展式、多门学科整合式、育德活动一体式等在内的多学科融合教学的实施路径,在实践中积极回应"怎样培养人"这一重点问题。育人方式变革也是推动本课题不断实践、持续思考、反思修正的焦点问题,更是贯穿研究全过程的一根生命线,凸显育人价值。

我们在研究过程中,聚焦"合作""共情""同理",在实践中明确了如何以多学科建构式教学促进知识整合、技能融通、情感体悟。基于此,指向育人方式变革的小学多学科融合教学行动方向愈加清晰,从而迈出了基于学科、超越学科的第一步,推动了从理念到实践的落地落实,实现了品格养育的价值关切。

2. 具身实践:学习方式之变

"具身实践"作为学习方式变革的研究支点,为我们的教学实践研究提供了思路。在"孔融让梨""木兰从军""管宁割席""公输策论""狄公断案"五个传统故事主题的串联下,实施多学科建构式教学,在起点上实现了知识传递的情境化。学生在具身实践中与情境成为相互作用的整体,解放身体、开发身体,在身体力行的活动中积累经验、获得感悟、养成品格,在知识梳理、意义生成的自我建构中,实现作为整体的人的发展。

通过多年的实践研究,我们利用建构式活动在两门或者两门以上的学科之间建立有意义、有价值的联系,并以此联系作为纽带促进多学科融合。促使教师学会以整体、关联、结构的眼光挖掘课程背后丰富的育人资源,设计课堂教学并加以实践,以综合学习任务引导学生运用两门或两门以上学科的知识、能力解决问题,帮助学生建构有意义、完整的知识认知体系,实现创新性思维、综合素质的发展,从而实现育人方式的变革,发挥多学科融合的育人功能。

教育戏剧与多学科融合之间的化学反应是一种互补与增强的关系,它们在教育领域中各自具有独特的作用,但结合起来能够产生更强大的效果。当教育戏剧与多学科融合相结合时,它们可以互相促进,产生更加丰富的教育效果。一方面,教育戏剧可以为多学科融合提供一个生动、有趣的教学平台,让学生在角色扮演和情境再现中更深入地理解和掌握多学科知识。另一方面,多学科融合也可以为教育戏剧提供更丰富的教学资源和内容,使戏剧活动更加具有深度和广度。

这种化学反应不仅可以提高学生的学习兴趣和参与度,同时也可以培养学生的综合素质和能力。通过教育戏剧与多学科融合的结合,学生可以更好地理解和应用知识,提高自己的语言表达、情感表达、社交和团队合作等能力,同时也可以培养自己的创新思维和跨界整合能力。它们结合起来可以产生更加丰富的教育效果，为学生的全面发展提供更好的支持。

参考文献

［1］崔允漷,张紫红,郭洪瑞.溯源与解读:学科实践即学习方式变革的新方向[J].教育研究,2021(12):55-63.

［2］李松林.从分离到融合的学校育人方式变革[J].教育科学研究,2022(11):1-1.

［3］张玉华.核心素养视域下跨学科学习的内涵认识与实践路径[J].上海教育科研,2022(5):57-63.

［4］张生泉.戏剧教育新论[M].上海:上海教育出版社,2016:58-78.

［5］张晓华.教育戏剧跨学科教学课程设计与实践[M].北京:中国戏剧出版社,2017:3-14.

刘惊平　上海戏剧学院闵行附属学校　语文教师　教龄14年

12. 走进田野　走向融合

——"五育融合"背景下幼儿园田野研学活动的探索与实践

随着教育综合改革的不断深化,我园在"五育融合"背景下不断探索教学模式与方法,充分挖掘地域田野资源,打破以往的课程实施方式,使空间从原来局限的课堂延伸到真实的大自然,拓宽幼儿的学习场、体验场和游戏场。"田野研学"让幼儿获得对世界的认知,并达到知行合一,从而培养德、智、体、美、劳全面发展的"完整儿童"。本文从内涵界定、问题提出、探索实践、经验启示四方面进行阐述,并以"走进稻田"田野研学项目为例加以说明,让"五育融合"在田野中落地生根。

一、内涵界定:厘清"五育"与"五大领域"关系

"五育融合"作为"全人"教育思想的延续,已成为素质教育发展的基本趋势和

必然要求。"五育融合"中的"五育"指的是德育、智育、体育、美育和劳育。幼儿园日常教学中的"五大领域"则是指健康、社会、语言、科学和艺术领域。虽然从表面来看,"五育"与"五大领域"截然不同,但内涵上却有着密切联系。"五育融合"的核心要点就是将"五育"看作一个整体,"五育并举",融合共生。这与幼儿园"领域整合"有着异曲同工之妙,均将指向五个不同方向的教育或领域发展看作一组并行或交叉的教育,从而构建共同发力且协同共举的教育生态体系。"五育融合"和"领域整合"两者间的教育方向和目标是一致的,均指向幼儿全面和谐发展,为育人任务的落实与推进奠定基础。无论在哪个教育阶段,都必须要将"五育融合"看作课程实施的底层逻辑与核心要点。只有厘清两者的关系,明确内涵界定,凝聚思想共识,才不至于被幼儿教育形式本身的特殊性限制而造成"融合"上的阻碍,这是在幼儿园探索田野研学"五育融合"的认知前提。

"田野研学"是基于自然主义教育精神的一种有目的、有计划的教育旅行活动。一方面,拓展幼儿学习空间,深入现实场景和生活情境开展学习;另一方面,引导幼儿在真实的自然环境中观察、体验、探究和实践。在"五育融合"背景下,幼儿园积极贯彻"幼儿发展优先"理念,结合时代诉求、园所特色和发展实际开展"田野研学"成长项目,充分挖掘并利用周边丰富的田野资源,将"田野研学"与德育、智育、体育、美育、劳育深度融合,实现"融合"理念进幼儿园、进课程、进活动,让"五育融合"落地生根。

二、问题提出:田野研学中"五育"失衡的现实困境

(一)基于"全儿童"发展要求,田野研学目标亟须整合

在当前开放的社会环境下,社会呈现的多元价值观对幼儿核心价值观的形成是一种挑战,培养幼儿核心素养、落实幼儿价值体认、优化育人目标的教育迫在眉

睫。幼儿园往往依托各自的办园特点,开展偏向特色的田野研学。但田野研学的目标不应局限于某一特定领域目标,设计某一特定领域的研学活动内容,过分凸显"特色",从而造成"五育"失衡和经验割裂等问题。对此,应通过参与某一特定研学活动,将"五育"进行有效的整合渗透,促进幼儿五大领域全方位发展。这就需要将新时代的幼儿发展要求转化成具体、整合的研学育人目标。

(二) 基于"全过程"实践要求,田野研学模式亟须重构

现在的田野研学往往存在"研"与"游"比重失调问题,两者的不均衡大大影响了田野研学的有效开展。"研"与"游"的比重失调有两种情况:一是过于注重研学,即"只研不游"。教师过分注重知识传授,急于让幼儿达到预期的发展目标,忽略幼儿的主观性体验和身心上的愉悦。二是过于注重游玩,即"只游不研"。教师过分注重幼儿外出的玩乐体验,忽略促进幼儿发展的研学目标。幼儿园应基于"五育融合"视角,从空间、课程、学习、评价等方面对田野研学项目进行顶层设计与重构,实现幼儿"五育"发展的全程渗透、全员参与、全方位介入,形成"三全"育人合力。

(三) 基于"全资源"共享要求,田野研学实践亟须深化

目前,田野研学资源的开发方式和途径缺乏多样性、多元性和综合性,存在一定的局限性。城市化的高速发展使幼儿周边环境一再被冲撞、挤压和牵制,幼儿园空间也无法满足日益增长的功能性教育需求。对城区幼儿来说,钢筋水泥让幼儿与大自然的物理联系被割裂,电子产品阻挡了幼儿探索自然的脚步,剥夺了幼儿的劳动机会等。幼儿园须通过田野研学活动,深入探索与创新田野资源运用的方法和手段,充分挖掘可利用的地域田野资源,重建能为幼儿提供实践、开放、互动的学习空间,拓宽"五育融合"渠道,让幼儿在与田野深入连接的实践体验中实

现全面和谐发展。

三、探索实践:田野研学中"五育融合"的设计路径

(一)按图索骥:田野研学资源的"五育融合"

田野研学作为一种园外教育活动,是教师组织幼儿通过研学的方式走出幼儿园、走进田野所开展的一种综合性学习活动,承载着"五育融合"功能,在促进幼儿全面发展中发挥着重要作用,有利于提升幼儿的综合素养水平。因此,在田野研学资源的选择上不仅要考虑"教育性",同时也要考虑"全面性""综合性"。幼儿园可根据所处地理位置,充分挖掘并梳理周边蕴含着的丰富田野研学资源,包括自然资源、文化资源和社会资源等,从而形成研学资源地图(见图1)。

图1 金山地域田野研学资源地图

(二) 宏观架构:田野研学系统的"五育融合"

为让田野研学更好地助推幼儿成长,在对田野研学内容进行宏观规划时需注重"五育融合"的系统性架构,把田野研学纳入幼儿园教育教学计划。通过园内教育与园外教育的有机结合,有针对性地开发不同主题的"五育"田野研学内容,将田野研学与园本课程进行有机整合。最大限度地支持和满足幼儿通过直接感知、实际操作、亲身体验获取经验的需要,发挥田野研学的融合教育价值,使幼儿在田野中自然生长、和谐发展。具体而言,可以从五个主题入手整体构建田野研学的顶层体系。

1. 贯穿主题的田野研学

以幼儿园综合式主题活动入手,挖掘主题内适合研学的内容。例如,围绕主题"我是中国人",开展"金山农民画""金山土布""金山黑陶"等田野研学活动,带领幼儿走访金山农民画村、黑陶展览馆等,尽可能地为幼儿创造直接感知、体验的机会,使幼儿园综合主题活动得以拓展,同时激发幼儿爱自然、爱家乡的美好情感。

2. 结合节庆的田野研学

既包括地域节庆,如金山旅游节、金山烟花节、田野百花节、金山草莓节、吕巷蟠桃节、朱泾甜瓜节、廊下莲湘节等,也包括传统节庆,如春节、元宵节、中秋节等。通过了解金山民风民俗,包括端午龙舟邀请赛等节日礼俗及传统的节庆民间小吃等,使节庆活动成为开展田野研学的良好契机。

3. 融入红色的田野研学

领悟先贤智慧,传承文明薪火,如参观南社纪念馆等,增强幼儿的文化自信,培养尊重历史、崇尚智慧、见贤思齐等美好品格。体验军人意志,涵育爱国情怀,如参观消防大队,了解消防员的训练日常。祭烈士英魂,立报国之志,如游金山卫抗战遗址,学习抗战英雄的英勇故事。训少年体魄,塑坚强品格,激发"少年强,则国强"的使命感,懂得责任和担当。

4. 走近科学的田野研学

为强化创造意识,培植好学善思、敢于探索、善于创新的品格素养,教师可带领幼儿参观如金山区工业区的华东无人机基地等科技园区,探寻并感受现代智能科技的神奇之处;也可带领幼儿走进金山现代农业园区,感受现代高新技术集成的农业系统等。

5. 结合特色的田野研学

例如,结合幼儿园创美教育特色,在汇龙湖开展"田野创美节"活动,带领幼儿在自然环境中玩转色彩,开展植物拓印、蛋壳泼墨等美术游戏,让幼儿漫步在艺术的田野上,享受艺术之美,收获温暖互动。这既能提升幼儿的审美情趣与创作能力,又进一步助推幼儿园创美教育特色发展。

(三) 微观设计:田野研学项目的"五育融合"

田野研学既可在宏观层面系统架构体现"五育融合"理念,也可从微观层面系统架构某一个特定项目,使之渗透"五育融合"理念。以"走进稻田"田野研学项目为例,在尊重幼儿个体需求、认知规律和年龄特点的基础上,结合田野研学资源,关注幼儿主体性,强调幼儿自身的积极性,提升教育效果。"走进稻田"田野研学项目实施总流程如图 2 所示。

1. 主题渗透,明晰育人价值

金山有着上海远郊农村的万亩良田,幼儿园周边稻田资源丰富,每逢秋收季节,田野里一派丰收的景象。金山当地有的自留地依然沿袭着传统的人工收割模式,而规模比较大的水稻种植基地则使用现代农业技术进行收割,农田里大型的收割机轰轰隆隆地忙碌着,烘托着丰收的繁忙气氛。对于城区幼儿来说,"秋收"这个词往往停留在老师或爸爸妈妈的口中,幼儿甚至连稻谷长什么样都没见过,更分不清田野里长的是稻谷还是麦穗,他们的童年是在钢筋水泥的环境里长大的。

田野研学项目："走进稻田"主题研学

项目实施流程

子项目	具体内容
探秘稻田	亲子调查 实地探索 观察记录 交流分享
体验农耕	劳动实践 弘扬精神
嬉戏稻田	分散活动 集体游戏
美育田野	自然图鉴 田野手账 艺术创作
自然食育	制作美食 感恩教育

流程：意见纲要 → 存在问题 → 学情需要 → 架构任务 → 评估项目 → 活动开展

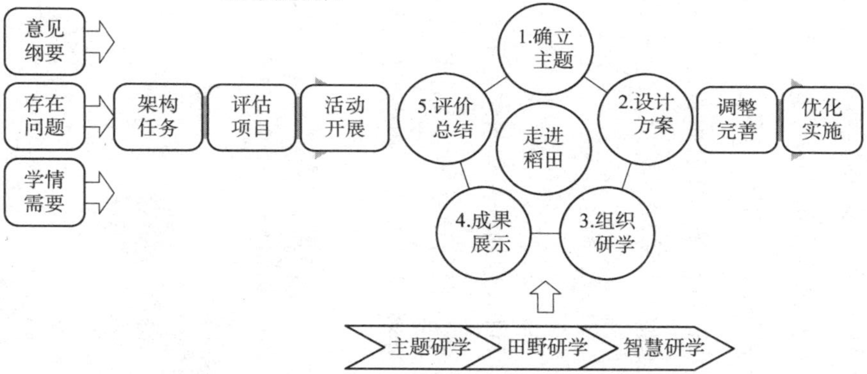

1.确立主题 → 2.设计方案 → 3.组织研学 → 4.成果展示 → 5.评价总结 → 调整完善 → 优化实施

走进稻田

主题研学 → 田野研学 → 智慧研学

"走进稻田"————（小主题）田野研学方案

组名	组长
组员	
我们的问题：	解决的方法：观察（ ）访谈（ ）体验（ ）查阅资料（ ）实地考察（ ）实验探究（ ）设计制作（ ）其他（ ）
成果形式：	

遇到困难及应对方法：

项目实施过程表格

第（ ）小组采访表

采访主题		采访对象	
采访地点		采访时间	
采访问题：		对方回答要点：	
人员分工			
遇到的困难		解决的问题	

图 2 "走进稻田"田野研学项目实施总流程图

项目反思：该研学项目最大限度地鼓励幼儿创新，注重幼儿的实践参与，培养幼儿的探究意识，提倡自主、合作、探究的学习方式；在项目前期策划设计过程中，充分考虑五大领域的融入，凸显"五育融合"，促进幼儿全面发展。

为在主题中更好地渗透"五育融合"理念,同时也为弥补自然缺失,根据"在秋天里"主题的核心经验,让幼儿更了解秋季人们如何收获农作物,并乐意参加各种收获活动,体验丰收的喜悦,幼儿园与大米种植基地合作,开展"走进稻田"的田野研学项目,通过探秘稻谷、体验农耕、嬉戏稻田、美育田野、自然食育等内容实现"五育融合",促进幼儿多元智能发展。幼儿在与稻谷的互动中亲身体验,加深对稻谷的认识,感知大自然的神奇,知道粮食来之不易,培养幼儿珍惜粮食的好习惯等。

2. 方案渗透,体现"研""游"共融

在开展田野研学前需根据项目主题及目标,规划好具体研学方案与内容,凸显"五育融合"理念。同时,设计相应的研学单,每份研学单的设计都尽可能符合幼儿的年龄特点,富有一定的趣味性。"走进稻田"田野研学导图如图3所示。

图3 "走进稻田"田野研学活动导图

3. 活动渗透,孕育"五育"果实

开展田野研学,除了注重发挥教师的导学作用外,更应关注幼儿的身心发展特点和个性需求。田野研学已成为幼儿园"五育融合"课程实施的重要环节和时空。在充满变化的"活"课堂中,幼儿既是课程目标实现的对象,也是课程活动展开的主体,还是课程效益评估的重要组成部分。具体而言,课程的实施分以下环节进行。

(1) 前期铺垫,有效衔接

幼儿在开展研学前进行先导准备,提出自己感兴趣的问题,如水稻是什么?大米是从哪里来的?米可以怎么吃?……通过组织讨论及前期调查,了解水稻的种植方式、成长期、生长过程,探究大米的由来,和爸爸妈妈超市辨米,寻找美味的米制品,去周边寻找水稻等,为走进稻田做好准备。

(2) 分组活动,交流分享

以小组为单位,开展探究学习,并用视频、PPT 或绘画等方式记录和分享,便于后期更好地通过田野研学进行学习、探究、实践、体验。

(3) 走进田野,实践体验

探秘稻田

幼儿和稻谷来了一次亲密接触:摸一摸稻子、闻一闻稻香、抖一抖稻穗……幼儿用各种感官去探索、感受稻谷的秘密。有的幼儿问:"为什么稻穗的小脑袋是弯弯的?"有的幼儿问:"为什么稻穗里的稻谷长得那么多?"还有的问:"为什么有的稻谷是黄的,还有一些是绿的呢?""轰隆隆的割稻机,它是怎么工作的呢?"……稻田里的秘密可真多,找也找不完(见图4)。

图4 探秘稻田

图 5　体验农耕

体验农耕

幼儿在家长的带领下割稻谷、拾稻穗、打稻谷、捆稻草、运粮食……体验农作的辛苦，体会农民伯伯的勤劳和艰辛。对爱惜粮食、勤俭节约的中华传统美德有了更加深刻的理解，也树立了尊重他人劳动成果的良好意识，并学会了感恩（见图 5）。

嬉戏稻田

幼儿游走在田埂间，跳跃奔跑、自由撒欢、畅玩田野，在蜿蜒曲折的垄沟边，在高低错落的草垛间，在金黄灿烂的谷场上……还可以来一场"稻田亲子运动会"，拔河比赛、推车轮比赛……幼儿玩得不亦乐乎，激活了全身的运动细胞，个个精神抖擞、朝气蓬勃（见图 6）。

图 6　嬉戏稻田

图 7　美育田野

美育田野

幼儿不仅在稻田写生，还在教师的耐心讲解和亲身示范下，了解扎稻草人的基本步骤和注意事项，十分投入地制作稻草人，以保卫稻谷不受鸟类侵略。在团结合作中，制作出一个个充满创意的稻草人，展现了超强的手工能力。同时，一起为稻谷袋和"小农夫"的草帽绘上美丽的图案……（见图 7）

自然食育

自己动手丰衣足食,幼儿与家长一起野炊,准备一桌丰盛的午餐,体验从农田到餐桌的劳动成果,共享丰收的喜悦,还用最传统的方式打糍粑。通过教师的生动讲解,幼儿更加深刻地体会到先辈们的聪明与智慧。

(4) 成果展示,评价总结

活动结束后,亲子共同完成研学单,幼儿用绘画的方式记录自己的成果与收获。回到幼儿园,教师利用谈话活动组织幼儿进行研学成果交流分享和展示汇报。让幼儿成为评价的主体,对自己在"走进稻田"田野研学项目中的表现进行自评,并且同伴间进行互评等,以民主投票的方式评选出"研学之星"。最后,教师对本次田野研学活动进行总结,进一步发现问题,及时调整课程内容和形式,为下一个项目的实施提供借鉴。

大自然是幼儿生动的课堂,生活是幼儿最好的老师。过程中可以欣喜地看到"走进稻田"田野研学活动所蕴含的多重价值。一次稻田研学之旅,是一个共享出游乐趣、触摸无限生机的过程。一棵幼苗,只有经过自然的孕育和农民的辛勤劳作,才能长出一串串沉甸甸的稻穗。一次研学,只有经过精心的设计和共同的经历,才能在幼儿的心里孕育出"五育"的果实。

4. 评价渗透,指向"五育"发展

在田野研学项目中,教师可以有哪些观察点?怎样才能为幼儿提供专业支持?以"走进稻田"项目为例,依托《上海市幼儿园办园质量评价指南(试行稿)》中"3—6岁儿童发展行为观察指引",教师可以从健康与体能、习惯与自理、自我与社会性、语言与交流、探究与认知、美感与表现"六个角度梳理观察与评价指标(见表1),为田野研学项目的实施提供科学、系统的实践指南。

表1 "走进稻田"观察与评价指标(节选)

领域	子领域	表现行为描述	五育指向
健康与体能	身心状况	1. 在走进稻田、亲近自然的过程中,保持轻松、愉快、稳定的情绪。	德育体育
	动作发展	2. 乐于尝试不同的稻田运动,发展不同的身体动作,锻炼身体各部位,如在田埂间平稳行走和奔跑,能跨跳过一定间距的沟渠和一定高度的稻草堆等。	
习惯与自理	生活习惯和能力	3. 具有一定的生活劳动能力,积极参与劳作,如共同制作一些简单的米制品等。	劳育德育智育
	学习习惯	4. 遇到困难时能多次尝试,不轻易放弃,直到任务完成。 5. 对自己感兴趣的与"稻子"有关的问题会主动追问和探索。	
	文明习惯	6. 能遵守田野研学的活动秩序和规则。 7. 珍惜农民伯伯的劳动成果,爱惜粮食。 8. 不乱扔垃圾,能自觉爱护环境。	
自我与社会性	自我意识	9. 能自主表达自己对"走进稻田"田野研学这件事的想法。	德育智育
	人际交往	10. 能与同伴分工、合作、协商,完成相应的任务,有问题能询问别人,遇到困难能向他人寻求帮助。 11. 愿意与大家分享和交流田野研学中高兴或有趣的事情,能有礼貌地与他人相处和交往,爱护他人的劳动成果。	
	社会适应	12. 在"走进稻田"田野研学活动中能与同伴共同协商制定规则,主动参与活动。	
语言与交流	理解与表达	13. 能较完整、连贯地讲述自己在"走进稻田"田野研学活动中的经历和见闻。	智育
	前阅读与前书写	14. 能用图画和符号记录走进稻田中的发现与问题。	
探究与认知	科学探究	15. 乐于动手、动脑,探索稻田中的未知事物。 16. 能在观察、比较与分析的基础上,发现并描述稻子的特征、习性与其生存环境之间的适应关系。	智育

（续 表）

领域	子领域	表现行为描述	五育指向
美感与表现	感受与欣赏	17. 感受稻田里美的事物，能欣赏稻田的自然美景。	美育
	表现与创造	18. 尝试用绘画、手工制作等多种工具、材料或不同的表现手法来表达在稻田里观察到的事物和自己的感受。	

四、经验启示：田野研学中"五育融合"的发展脉络

"五育融合"是幼儿园教育综合改革培养"完整儿童"的重要支点。"融合"是课程生长的核心。"领域""目标""内容""实施""评价""资源"是"融合"的六个纬度。其中，"领域"是统整，为实现"五育融合"；"目标"是方向，为明确融合方向；"内容"是途径，为推进深度学习；"实施"是手段，为实践融合路径；"评价"是策略，为落实以评促学；"资源"是保障，为拓展融合视角。在"融合"的过程中，让具有浓厚自然气息和深厚生活基础的"田野研学"课程不断生长。

（一）领域：在从"非此即彼"到"你中有我"中走向融合

原先教师在确立田野研学活动领域时偏单一化，造成"一育"独大的局面，从而削弱了设计时对其他"四育"的重视程度。这种"非此即彼"的简单思维体现出偏向"一育"教学思维模式的不合理性。如何打破非此即彼的简单思维限制？教师逐渐意识到偏向的"一育"既可以作为"五育融合"背景下田野研学活动设计的关键突破口，也可以作为"五育融合"活动优化的主要依托。幼儿的发展是整体的，田野研学活动领域也应该是整合的。每一个田野研学项目都可以蕴含不同领域的发展价值，也可以从多领域解读幼儿行为表现。如在设计"走进稻田"田野研学项目时，以现有的园本特色体系为出发点进行融合，一方面可以"特色育"作为

贯通统领,另一方面可巧用"特色育"活动设计的经验,并将其迁移到"五育融合"的田野研学活动设计中。幼儿在田埂间跳跃奔跑,自由撒欢;在割稻谷、拾稻穗、打稻谷、运粮食中体验劳动乐趣;寻找水稻、认识水稻,探究水稻的生长过程;开展水稻写生,制作水稻生长图鉴;交流研学成果……在这些过程中,幼儿实现了强健体魄(健康)、同伴交往(社会)、科学探究(科学)、美术创意(艺术)、自主表达(语言)等多领域的发展。

(二) 目标:在从"割裂思维"到"整合思维"中走向融合

原先教师在制定田野研学活动目标时偏僵化,以割裂的简单思维去设计,且以指向特定领域的核心经验为主,而"五育融合"背景下的田野研学目标已逐渐向深度学习转型,并尽可能地将"五育"目标整合进同一个田野研学项目中,让幼儿通过亲近自然、直接感知、亲身体验、实际操作获得最大化的学习与发展。如"走进稻田"田野研学项目最初的目标只是落脚在"科学领域",关注幼儿对水稻的探究与认知。而随着理念更新,研学的深度和广度不断拓展,由"单维目标"向"融合统整"转变。除了对水稻的探究与认知外,目标中还融入了感恩教育(德育)、体能锻炼(体育)、艺术创想(美育)和田埂劳作(劳育)等维度的内容,从而为"走进稻田"项目的深度学习指明方向,在融合中实现"五育并举"的育人目标。

(三) 内容:在从"点状分布"到"网状连接"中走向融合

原先教师在设计田野研学活动内容时偏简单化,将"五育"看作一个个"点",每个研学活动对应一个"点"。从宏观来看,"五育融合"变成了"五育集合",活动体系是由"五育"对应的各点组成的,各领域的内容简单叠加或拼盘,忽略了点与点之间的相互关系和相互作用。那么,如何使"五育"的各点之间形成回路并相互渗透与联系? 教师在设计活动时开始关注每个"点"的多重价值以及蕴含的其他各育的要素,从而形成彼此助益、互为补充的"网状思维"。如在设计"走进稻田"活动内容时,既可从"智育"角度出发去设计,也可充分关注其他育在其中的相互作用,把隐性教育显性化,把随机教育确定化,从而实现更好的田野研学实施效果。教师在设计田野研学活动时的兼容意识和开放意识变得更强,采用"项目化学习"的形式构建田野研学网络,将五大领域核心经验与教育要素运用到田野研学活动中,以便幼儿构建完整的经验体系,使幼儿在"走进稻田"田野研学实践中能融会贯通五大领域经验,帮助幼儿建立关于该田野研学项目的全局思维。

(四)实施:在从"形式单调"到"多元丰富"中走向融合

原先教师在组织田野研学活动时偏单调化,未从多元融合的视角出发丰富田野研学的组织形式。而教育既需因材施教,也需因地制宜。以幼儿为中心的混合式教学模式为"五育融合"提供了强有力的支持,并在田野研学实践中使幼儿的亲身体验和发展效果得到进一步优化。如在"走进稻田"田野研学项目中,教师的教学模式和组织形式从单调走向了多元。既包含亲子调查、实地走访、交流分享等多元模式,也包含亲子活动、小组探究活动、集体参观活动、幼儿个体探索活动等多元途径;既有亲子、集体、小组,也有个体活动;既有教师的精心预设,也有亲子的共同参与。田野研学活动实施的方法和手段愈加丰富,使幼儿的探索空间更广阔、探索内容更丰富、探索方式更多元,为"五育融合"的落地提供支撑。

(五)评价:在从"单维平面"到"多维立体"中走向融合

原先教师在评价田野研学活动时偏单维化,应从多元评价的视角出发提升田野研学实践品质,消弭进程边界,增加"五育融合"的厚度。注重整合提升,建构田野研学评价体系,让多元评价深入推进"五育融合"。全面的评价体系是推动田野研学后续调整跟进的保障。建立以多元性评价、过程性评价、结果性评价为主的

"三维一体"评价体系,科学、全面地评价田野研学活动。其中,多元性评价包括内容多元(德、智、体、美、劳)、主体多元(幼儿园、教师、家长、幼儿、社会相关方等)、方式多元(量性评价、质性评价、交叉评价、逐层评价);过程性评价通过全程观察、动态描述和记录研学过程,并对田野研学各环节进行诊断分析,以获取反馈信息,为田野研学方案修订和后续研学内容开发提供依据;结果性评价通过对比分析实施结果与预期目标之间的差距,准确评估田野研学目标的完成度,合理评价田野研学内容实践效果、田野研学工作实施成效等,总结不足,改进研学方案,推动田野研学活动整体不断完善提升,为"五育融合"提供生长养料。

(六) 资源:在从"乏善可陈"到"活色生香"中走向融合

原先教师在田野研学活动资源运用上偏保守化,"乏善可陈"。围墙内的资源总是有限的,当把目光投向围墙之外时,教育的时空变得无限广阔,课程资源的外延不断拓展,课程内涵也顿然变得"活色生香"。梳理并形成多样化、结构化、层次化、系统化的田野研学课程资源,同时对教师利用资源开展田野研学活动的行为和过程进行统计和监控,分析资源在"五育融合"田野研学中运用的整体倾向,如对资源使用频次、时长、领域指向情况和效果等进行监控、统计和反馈,并生成相应的可视化数据,以此作为调整、优化及资源再开发的重要依据,大大提高田野资源在"五育融合"中的利用率和有效性,使其生成相互关联和辅助的"五育"学习链,为促进幼儿田野研学深度学习提供有力保障。

"五育融合"背景下的田野研学是一门行走的教学艺术,它让幼儿走出课堂的"藩篱",走向更广阔的自然世界和社会生活,并从中汲取成长的力量;让每一位幼儿在全开放的"田野"环境里自然生长、自主活动、自由发展;让幼儿园的课程深度整合与融通,在纵深发展中不断丰富课程内涵,拓展课程实践场域,推进和深化素质教育,促进育人模式的改革与创新;也让"五育融合"理念在田野间生根发芽!

参考文献

[1] 薛继红.突破"五育融合"课程设计困境的复杂性思维范式转向[J].教育理论与实践,2024,44(16):48-55.

[2] 陆怡君,沈晔,程晓霞.从分领域走向领域整合[J].上海托幼,2024(3):6-8.

[3] 苏颖.学前教育专业领域整合课程混合式教学实践探索[J].科技风,2022(30):80-82.

[4] 刘慧,朱春燕.在"行走的课程"里[N].中国教师报,2021-10-27(012).

[5] 赵强,吴美珍.行走中的"活"课堂——研学旅行中品格提升的实践初探[J].江苏教育研究,2019(16):27-32.

陆秀兰　上海市金山区金悦幼儿园　副园长　教龄17年

13. 亦耕亦读,幼儿园劳动从"浅"体验迈向"深"探究

——以大班"四季农场"活动为例

习近平总书记指出,耕读文明是我们的软实力,农村是我国传统文明的发源地,乡土文化的根不能断。乡村幼儿园劳动教育应该立足于"耕",深植"生活",拥抱"田野",着眼于儿童身心的和谐发展以及乡村幼儿所具备的乡村生产生活的经验,将狭义的课堂延伸出去,让儿童与自然、生活亲密接触,体验劳动的乐趣,丰盈生命的体验,培养浓厚的乡土情怀。如何将"耕"与"读"进行融合赋能,促进幼儿园劳动教育从"浅"体验迈向"深"探究?我们通过大班开展的"四季农场"系列活动,寻觅适宜的活动开展策略,以期在开展劳动教育的过程中,引导幼儿通过观察发现和持续探究,尝试主动思考和解决问题,进而走向深度探究,提升幼儿的观察理解、表达表征等多方面能力,最大化地发挥"亦耕亦读"的融合教育价值。

"童孙未解供耕织,也傍桑阴学种瓜。"这首古诗描述了儿童模仿大人耕种、积极参加力所能及的劳动的情形,将孩童天真纯朴、爱劳动、乐学习的形象刻画

在农耕的风俗长卷中。笔者通过化"耕"为"劳",化"读"为"育",在开展"四季农场"活动中探寻"耕"与"读"相融合的劳动教育路径,培养幼儿深度探究的相关策略。

对于大班幼儿来说,他们的认知、身体等方面的发展已达到幼儿期的高峰,劳动教育可以更好地帮助他们认识自我、探索世界,提高问题解决等能力,而劳动为实现这些发展提供了重要的环境支撑和不可或缺的实践过程。我园地处乡村,有一片得天独厚的空中种植园和花果园,这片"四季农场"是幼儿接触大自然、感受生命成长过程和体会劳动快乐的基地。通过"亦耕亦读"系列活动,幼儿可获得关于季节、环境等与植物之间的密切关系的认知,增强动手能力,促进认知、技能、情感发展。在开展"四季农场"的劳动过程中,我们另辟蹊径,尝试创设适宜的"亦耕亦读"环境和空间,挖掘"亦耕亦读"融合教育价值,引导幼儿开展更深层次的劳动探究。

一、"亦耕亦读"融合教育于幼儿园"四季农场"的意蕴及价值

当前,幼儿园教育越来越注重幼儿综合素质和实践能力的培养,同时更加注重以解决问题为导向的探究能力的发展。"亦耕亦读"作为一种探究性活动模式,将耕作劳动与幼儿经验习得相融合,为幼儿提供了一个独特的探究活动环境。通过"四季农场"的实践活动,幼儿不仅能够亲近自然,体验农耕,了解农作物的生长过程,而且能够在"耕读"过程中培养观察力和动手操作能力,还能够在此过程中提升认知水平,拓宽视野。看似简单的"农耕"活动,实际上蕴含着丰富的教育价值,既可以丰富教育内容、丰实探究过程,同时也能提升教育质量。因此,"亦耕亦读"是将幼儿知识学习与生活实践相融合的教育过程,值得我们教师进行深入探讨(见图1)。

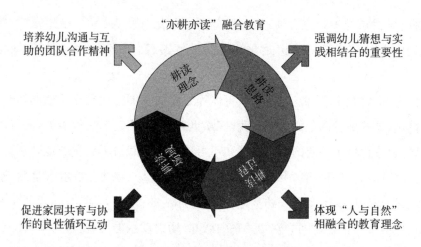

图 1 "亦耕亦读"融合教育价值

(一)"亦耕亦读"过程体现"人与自然"相融合的教育理念

幼儿在参与种植的过程中,能够亲身体验到大自然的奇妙与规律——春季播种,夏季生长,秋季收获,冬季休整,感受到节气与农作物生长的紧密关系,每一个季节都有不同的探究空间和探秘乐趣。在农作物生长的过程中,教师指导幼儿学会耐心观察和细心照顾,培养其对生命的敬畏之心。这种自然教育不仅有助于幼儿身心健康发展,还能激发他们对科学探索的兴趣。

(二)"亦耕亦读"思路强调幼儿猜想与实践相结合的重要性

在"亦耕亦读"活动中,幼儿通过亲身实践、实际操作,将猜测、计划落实到实际劳动中,在探究、发现的过程中验证猜测与计划,这种理念不仅适用于幼儿教育,更贯穿于一个人的整个成长过程。通过猜想与实践相结合,幼儿能够更好地理解知识,培养创新思维和解决问题的能力。

(三)"亦耕亦读"理念培养幼儿沟通与互助的团队合作精神

在"亦耕亦读"的过程中,幼儿既需要独立自主地完成个人劳动项目,也需要结伴合作完成种植、管理、收获、储藏等任务。这种"亦分亦合"的形式,能够使幼儿学会相互沟通、协调,渗透团队合作意识和责任感。在合作解决问题的过程中,幼儿能体会到集体智慧的力量,在团队中发挥自己的优势,学习他人的优点,通过互动与学习,增强团队成员间的默契和信任。

(四)"亦耕亦读"场域促进家园共育与协作的良性循环互动

"四季农场"为师、幼、家三方提供了循环互动场域,帮助家长更直观地了解幼儿园的耕作场所、耕读理念和幼儿的耕读探究过程。三方共同参与种植、养护、收获等探究活动,加强了家长与幼儿之间的亲子关系,密切了家庭与园所之间的互动联系,让"教育合力"更好地落地生根,促进幼儿的全面发展。

二、"亦耕亦读,四季农场"劳动由"浅"入"深"的现状分析

大班幼儿经过两年的幼儿园生活,对于幼儿园开展的"四季农场"种养活动已有一定的经验基础,比如:在"春耕"中翻土与播种,在"夏生"中观察与照料,在"秋收"中收获与品尝,在"冬藏"中保管与储藏。在每个特殊的节点,幼儿都有过相似的劳动经历和体验,看似忙碌充实,实则很多时候处于"单一重复""浮于表面,流于形式"的从众状态。我们从幼儿劳动现状分析入手,以"亦耕亦读"为理论引领,以"四季农场"为实践抓手,尝试探寻相关策略,有目的、有计划地引导幼儿的劳动活动由"浅"入"深"(见图 2)。

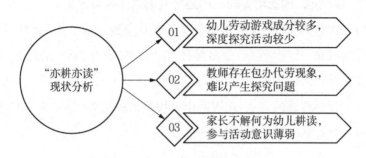

图2 "亦耕亦读"探究现状分析

(一) 幼儿劳动游戏成分较多,深度探究活动较少

在"四季农场"劳动过程中,经常发生幼儿把劳动当作游戏进行,每天重复单调的照料活动,使劳动任务失去挑战性,导致幼儿渐渐对种养活动失去兴趣。那么,重复性劳动的意义何在?如何在看似重复的劳动中体现劳动的层次性?在劳动中,幼儿的认知层次、探究水平、观察思考等是否仍处于平行发展阶段?幼儿的劳动经验是否得到了丰富和提升?如何指导幼儿在劳动中将"已得到"的探究经验和"可得到"的探究经验进行连接?

案例:五月的天气越来越热,小朋友在"四季农场"浇水的频率也高了起来。几位小朋友穿梭在玉米田中,有的拿着小盆,有的提着水壶,还有的拿着舀子,都忙着给玉米苗浇水。老师:"你们怎么给玉米浇这么多水呀?你看,这田里的水都满出来了。"皓皓:"我们班老师说了,要多浇水,最近这几天都是高温!"老师:"她是怎么知道这几天都是高温的呢?"壮壮:"因为她看了手机里的天气预报。"然而,农场的室外温度计就挂在玉米田的附近,温度记录本也在温度计的旁边,幼儿感知温度的方式却是通过"老师看手机"得来的。

在此案例中,看得出幼儿很愿意照顾植物,每个人都选择了自己喜欢的劳动工具,但是没有关注到应给玉米苗浇多少水,这体现了"游戏式""任务式"的劳动形式,而非幼儿自身感知到玉米苗需要喝水并自发给玉米苗浇水,以及判断浇多少水比较合适。如果将探究温度的过程交还给幼儿,又会产生什么样的效果呢?幼儿能通过观察温度计的变化,根据温度的高低判断玉米苗需要喝多少水吗?幼儿会在每天记录温度的过程中比较不同日期的温度吗?因为没有给予幼儿这样的引导,所以也不得而知。

(二) 教师包办代劳,难以产生探究问题

为了能够顺利地观察到植物的生长过程,避免种养过程中出现耕作物死掉等突发情况,在种植的过程中,教师的包办代劳现象常有出现。主要原因是教师不敢大胆放手,不敢"退位"将"四季农场"全盘交给幼儿探究,其中包含了"时间等不了""环境不允许""害怕有失误"等因素。因此,教师要给予幼儿更多的试误可能,并提供专业的指导。只有这样,才能让幼儿发现问题,提出质疑,产生探究动机,而不是一味地强调耕作物是否"长势喜人"。

案例:最近在"四季农场"的棉花田里终于能够看到一片绿了。"棉花长得真是慢啊!看样子等到结棉桃、采棉花,我们班小朋友都要毕业了吧!"黄老师一边查看棉花长势一边说。这时她突然发现了"更严重"的现象,那就是有两块棉花田"萎靡不振",她赶紧联系有经验的家长"种植顾问",得知可能是需要施肥了,于是立刻下单买肥料,第二天肥料就入了田,黄老师也如释重负。

在种养的过程中,教师更多关注的是植物的生长是否能够"按部就班"地进

行,但凡出现"一丝偏差",就立刻"人为干预"。是否可以引导幼儿进行观察、比较,并探讨其中的原因,让幼儿根据自己的认知经验加以解决?如果需要"种植顾问"的参与,那么是否可以让幼儿自己罗列出问题,然后带着"问题书""计划表"向"种植顾问"求助,并开展调查呢?

(三) 家长不解何为幼儿耕读,参与活动意识薄弱

家长参与幼儿园种养活动的机会较少,对"亦耕亦读"劳动教育价值也不了解,大多是通过教师传递的照片进行粗浅的感知,实际上并未真正参与到"亦耕亦读"劳动项目中,所以无法感同身受——对关于园所正在进行的耕读活动需要家长配合的通知、建议等无法产生情感连接,对班级开展的种养项目也一知半解,不明白活动的目的,以及对幼儿的发展会带来何种教育影响。家长参与"亦耕亦读"的积极性,也决定着耕读活动的"浅"与"深",所以需争取家长的支持与主动参与。

案例:早晨入园时,甜甜情绪低落,不太愿意自主入园。值班老师询问:"今天怎么啦?"甜甜不讲话,甜甜爸爸说:"今天甜甜没带作业,昨天我回家晚,忘记帮她完成了。"值班老师询问:"是集体活动的调查表吗?"甜甜爸爸叹气道:"是的,就让小朋友回家和我们家长一起寻找哪些植物是春天可以种植的,哪些植物需要育苗再移栽,还有哪些植物可以直接播种。我自己也糊涂!我今天查查手机,再帮她做吧。"

通过几句简短的沟通,就大概了解到家长对于那份"亲子调查"其实是被迫接受的。教师在发放调查问卷之前与家长的沟通较少,导致家长对这份调查的意义存在疑惑,甚至变成了家长的负担。如果前期家长有机会了解班级的耕读计划,参与到"四季农场"的耕读活动中,或许就会更加重视这份调查背后的教育价值,而不是通过查手机帮孩子完成。亲子"合唱"变成家长的"独唱",让亲子调查变了"味"。

三、"亦耕亦读,四季农场"劳动由"浅"入"深"的脉络梳理

"四季农场"劳动活动以《3~6岁儿童学习与发展指南》和《幼儿园教育指导纲要(试行)》为教育引领,以"亦耕亦读"教育价值为参考,结合大班幼儿的发展需要,从幼儿的发展目标、教师的指导策略和家长的参与协作三个维度进行梳理,以幼儿发展目标为导向,以教师指导和家园高质量配合为实施路径,明确幼儿"亦耕亦读"过程中从"浅"体验迈向"深"探究的目标及相关要求,并据此进行实践、反思,最终作用于幼儿的发展(见表1)。

表1 "亦耕亦读"探究维度梳理

\	亦耕亦读——四季农场
幼儿发展	1. 能根据劳动需要选择和使用简单的劳动工具,并进行半小时以上的活动; 2. 能结合劳动情境理解相对复杂的句子,有序、连贯、清楚地讲述一件事情; 3. 会正确书写自己的名字,愿意用图画、符号等记录劳动的经历或过程; 4. 在劳动过程中能与同伴分工合作,主动承担任务,遇到困难一起解决; 5. 尊重为大家提供服务的人,珍惜别人的劳动成果; 6. 能感受到种养内容的变化,通过观察、比较与分析,发现并描述不同时期种养物的前后变化; 7. 能使用多种工具、材料、手法表现劳动过程中美的发现及美化生活。
教师指导	1. 提供适宜、安全的劳动空间和探究材料,引发和支持幼儿与"四季农场"环境积极的相互作用; 2. 在"四季农场"劳动的过程中,营造安全、温馨、积极的探究心理环境; 3. 记录幼儿的探究过程、需求和问题,活动后进行反馈,鼓励幼幼之间进行自评和互评。

（续　表）

家长参与	1. 充分了解"四季农场"活动，参与幼儿园的劳动项目，及时关注幼儿的劳动进程； 2. 家园合作，家长助教，帮助幼儿拓展劳动认知，提升劳动技能； 3. 根据幼儿劳动需要及劳动过程推进，进行亲子活动，个性化地指导幼儿完成相关调查、探究表征、社会实践等，帮助幼儿积累更多的探究经验； 4. 参与幼儿园劳动评价过程，共同参与、支持劳动活动的持续开展。

四、"亦耕亦读，四季农场"劳动由"浅"入"深"的路径初探

在"亦耕亦读"过程中，通过实践＋反思，循序渐进地推进"四季农场"活动，以大班劳动目标为抓手，以科学劳动为向导，在劳动案例与事件中探寻多元途径，帮助幼儿在耕读中感受劳动带来的快乐，同时萌发更多的好奇心和探究欲望，探索和发现自我的潜能及优势，培养实用的生活技能，形成积极向上、勇于探索的学习态度，为未来的学习和成长奠定基础（见图3）。

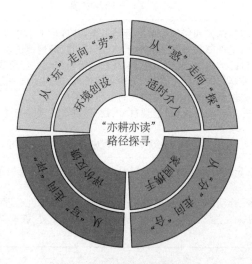

图3　"亦耕亦读"路径探寻

(一) 创设丰富多元的劳动实践场景,从浅表式的"玩"走向沉浸式的"劳"

"劳动"是人类有目的地改造自然并获取物质资料的活动。在幼儿园的劳动教育中,除了在"四季农场"播种、浇水和除草以外,还有哪些活动可以引发幼儿的深度探究?如何避免劳动实践场景"流于形式"以及幼儿的劳动"浮于表面"?创设丰富多样的劳动实践场景,为幼儿通过"亦耕亦读"获取知识与提升能力提供了可能性。这个实践场景不仅能够激发幼儿的探索精神和创造能力,也为他们提供了一个实际、直观的劳动体验平台,促进幼儿探索多种劳动方法和学习多种劳动技能。

1. 因地制宜,合理规划耕读场地,引发幼儿探究行为

耕读活动在注重劳动场地安全性的基础上,要充分利用现有的劳动空间资源,创造适合幼儿劳动的活动场地,让劳动探究行为有产生的可能性。在日常的耕读活动中,根据"四季农场"的自然环境和空间特点,充分考虑大班幼儿的发展目标,创设劳动环境展示墙,引导幼儿自由创作,从制订计划到反思回顾班级的劳动发现与过程;划分各类劳动体验区、农作物加工区等,根据自己的兴趣所需,自主选择磨豆浆、掰玉米、编大蒜、串辣椒、晒棉花、筛芝麻等活动,体验不同农作物的加工方法和存储特性(见表2)。

表2 "亦耕亦读"场地规划

耕读展示墙	耕读体验区	耕读加工区	耕读服务区	耕读工具区
展示墙高度适宜幼儿自主创作,提供各类操作材料:粉笔、画笔、纸张、剪刀等。耕读课程过程性展板。	宽阔的梯田农场,易于观察、走进的农田板块,便于幼幼之间互动,交流劳动体验的感受与发现。	各类收获的农作物、加工工具分类摆放,幼儿制作分类小标签,便于观察、操作。	"农家乐"体验项目,就地取材制作"美食产品",自主选择不同角色,如厨师、服务员、收银员等。	根据不同用途和性能,分类摆放各类劳动工具,便于幼儿取放和收纳。师幼定期检查工具的安全性。

创设"二十四节气"与"小农人"的耕读课程故事展板,鼓励幼儿在种养区、小菜园等区域进行劳动操作,自主观察植物的生长过程,植物的生长条件与节气之间的变化关系,自然产生科学种养、合理养护的探究行为(见图4、图5、图6)。

图4 二十四节气之"立春"　　图5 二十四节气之"春分"

图6 "小农人"耕读课程故事展板

2. 自由氛围，自主选择劳动内容，根据需要个性探究

自由的耕读氛围能够让幼儿轻松、愉悦、积极地参与活动，活动之前的耕读计划由幼儿根据自身需要或者延续上一次未完成的活动内容而展开。幼儿的兴趣不同，自主选择劳动的内容也就不同，尊重每一位孩子的选择，也尊重其在计划外的活动，不同的劳动选择会产生不同的问题，鼓励幼儿根据自身的"困惑"进行个性探究，帮助其积累经验的同时，引导他们表述自己的探究经过，为幼幼互学创造契机。

案例：在养护水稻的过程中，幼儿发现山雀总是来啄稻粒，引发了"稻草人保卫战"活动，即利用水稻秸秆和麻绳编扎稻草人。在制作稻草人的过程中，给麻绳打结成为"棘手问题"。有的小朋友对自己的左右手分得比较清楚，但是在帮助小伙伴的过程中，由于是镜像动作，就出现了左右相反的情况。"面对面时，你的左是我的右，我的左是你的右。"这不仅启发了幼儿的换位思考，也为幼儿的创新思维发展带来了可能。在探索"倒掉的番茄树"中，幼儿发现随着番茄果子越结越多，番茄苗却越长越矮，甚至有的番茄苗倒在了田里，果子也烂掉了。于是在"保卫番茄苗"的活动中，幼儿学习搭建果架、绳索打结，强化了左和右的感知，探索了多种绳索打结的方式。幼儿在探究的过程中，提升了精细动作和合作互助等多方面的能力。

（二）教师适时介入提供示范与引导，从无目的的"惑"走向有目标的"探"

《幼儿园教育指导纲要（试行）》的组织与实施部分提出：幼儿同伴群体和教师集体是宝贵的教育资源，应充分发挥这一资源的作用。教师在幼儿园劳动教育的实施中肩负着多重责任，他们不仅仅是知识和技能的传授者，更是劳动精神的引导者、劳动习惯的示范者和劳动创新的探究者。在劳动过程中，当幼儿遇到"疑惑"与

"不解"时,教师能够提供适宜的示范和启发式引导,可以更好地帮助幼儿拓宽思维,转变思路,更加专注思考,有目标地解决问题,收获耕读带来的成功感(见表3)。

表3 "亦耕亦读"介入示范

亲身展示	绘本学习	专业指导	材料适宜
根据幼儿的问题,提供操作示范,延续兴趣。	借助优秀绘本,补给认知,积累经验,提高探究水平。	专业的事请专业的人,利用专业特长,提供专业示范。	提供的材料可以"半加工",激发幼儿操作探究。

案例:在每年的春耕劳动中,总有坏掉的农具,通常都是请幼儿园的保安师傅帮忙维修,而在这一次的"锄头掉了头"事件中,我们引导幼儿观察和尝试修理锄头。幼儿的经验是破了、旧了的物品就用胶带粘,他们用同样的方式修补锄头。看似粘上的锄头,刚拿到田里,还没开始动土,就又掉了。他们不明白为何胶带"失灵"了,更不懂重力和受力面的道理。当老师拿着小铁锤,将农场地板上凸出来的钉子用力地砸进木板时,幼儿才开始明白使用材料的不适宜和修工具时需要身体其他部分的辅助,尝试一只脚踩住锄头的把手,固定住锄头,再将钉子锤进锄头的前端,以及使用包裹和加粗锄头把手等多种方法修补锄头和破旧的小铲子。由此,我们在"四季农场"的一角开辟了"小农人"维修站,旨在引导幼儿关注劳动工具的维修和保养,提供多种修补工具,为幼儿修补农耕器具、更换田间地头的木板等探究活动做好材料准备。

(三)携手式推进家园劳动教育协作,从被动式的"分"走向主动式的"合"

"家庭是幼儿园重要的合作活动。应本着尊重、平等、合作的态度,争取家长的理解、支持与主动参与,并积极支持、帮助家长提高教育能力。"在进行耕读教育的过程中,幼儿园和家庭在指导过程中容易出现连接断点,比如:在亲子完成劳动调查表活动中,家长认为这是老师分配给家长的任务,简单完成即可,并未与幼儿进行实践,也忽视了耕读活动后期的持续参与。调动家长的积极性,帮助家长建立正确的耕读观念,从熟悉幼儿园的耕读活动入手,鼓励家长亲自参与,示范劳动技能、分享劳动经验和劳动成果,并向幼儿展示劳动的美好和重要性。在日常的家庭劳动中,家长和幼儿一起探索劳动中存在的问题,引导幼儿在劳动中学会思考、学会合作、学会创新,使其积累更多的劳动经验,从而在幼儿园劳动时更加自信(见表4)。

表4 "亦耕亦读"家园携手

开放民主		沉浸参与
讲座指导	实际操作	展示优势

1. 开放式参与体验,改变"任务式"要求,修正家长耕读认知偏差

家长对于园所、班级开展的耕读活动,大多数都是依靠教师的线上通知、照片等进行了解,难以感同身受,这就导致"亲子调查表"成为家长工作之余的"额外工作",不仅没有起到应有的作用,还会适得其反。进行开放式的耕读体验,可以让家长亲身走进"四季农场",实际感受耕读的魅力和乐趣,让家长放下"任务式"的包袱。统计家长耕读特长,根据幼儿活动需要,邀请家长助教协作,同时邀请农科院的专家和教育学者为家长提供专业的耕读指导,改变其对耕读的片面认知。

案例:在"上春山——探秘山药"的种植活动中,我们邀请家长共同参与,通过农科院专家讲解山药的发展史、山药的种养技巧、山药的食品和药效价值等,以及亲子共同育苗、移栽等系列活动,激发家长参与耕读的热情,不再片面地将耕读活动理解为"劳动而已"。根据劳动工具维修需要创设"小农

人"维修站,为幼儿探索维修、组装劳动工具提供各种材料,邀请动手能力较强的"爸爸老师"参与到活动中,作为维修站的特聘教师。在水壶数量不够的情况下,"爸爸老师"陪同幼儿一起利用搜集到的各类塑料瓶,通过测量、切割、组装等方法,制作浇水壶。在这种富有情境的、开放式的劳动实践场景中,上好耕读活动中"家园共育"这一课。修正家长对于耕读的认知偏差,促使耕读活动实现良性循环,在持续、递进的劳动推进过程中,引发幼儿的劳动过程走向更深层次的探究历程。

2. 沉浸式探究操作,转变"浅层式"认知,激发家长主动耕读实践

家长在耕读认知方面的不足,影响着耕读活动的实施效果。家长认为幼儿年龄小、动手能力弱,耕读教育可有可无。这样的"浅层式"认知,容易导致家长越俎代庖,不仅使幼儿体验不了耕读的乐趣,也使家长觉得是个额外的负担。因此,要在家长能够认同耕读价值的基础上,鼓励家长引领幼儿进行深入的耕读活动,将幼儿在幼儿园的耕读活动经验延伸至家庭,在亲子合作的过程中,激发家长热情参与并指导幼儿的探究行为。

案例:在制作麦芽糖的活动中,出于使用电锅不安全、班级幼儿人数较多等因素,大部分时候由老师操作、讲解,幼儿观看,这就需要家长引导已有一定感知经验的幼儿,在家中延续和拓展麦芽糖制作活动。这样的亲子活动能够将幼儿园的劳动进行高质量整合,使得幼儿有更多的实操机会,更好地理解麦芽变成麦芽糖的变化过程。在开展"四季农场——农家乐"游戏时,鼓励家长利用节假日,带领幼儿寻访社区里的"农家乐"项目,感受农家环境氛围,统计"农家乐"游玩项目,观察、了解工作人员的分工职责,制订户外"农家乐"游戏计划,并在执行的过程中根据实际需要和同伴需求进行调整。我们邀请

家长和幼儿一起在"四季农场"中用各类自然物搭建农家大锅灶，制定农家菜单，合作组装防晒帐篷等。在这种沉浸式的"玩乐"中进行探究，体验有劳有获的快乐。

(四) 利用劳动清单评价与激励反馈，从流程式的"写"走向递进式的"评"

评价的目的是了解幼儿的发展需要，以便提供更加适宜的帮助和指导。大部分教师会使用作品评价、便签条记录评价等方式。很多时候，这样的评价变成了走流程式的记录，无后续跟进和下阶段的实践、反思与再评。在"四季农场"劳动教育过程中，为了解劳动教育的适宜性、有效性，我们利用劳动清单进行评价和激励反馈，使用图记叙事理清评价的目的和本质。通过幼儿自评、家园互评以及专家评析等多方评价，审视在开展劳动的过程中，教师的指导、家长的互动等是否有效地促进了幼儿在"亦耕亦读"过程中问题解决等能力的提升。

1. 从单一的机械记录转向有意义的推进反思

撰写观察记录是提升教师专业素养的路径之一。观察记录的形式有很多，大多数园所使用规定的表格进行记录，教师往往为了完成这些表格任务而进行机械式地填写，忽视撰写观察记录的真正目的是促进幼儿的发展。而通过劳动清单和劳动目标的指引与对照，教师可以在记录的过程中更加有针对性，反思幼儿行为背后的原因以及在后续活动中可以采用哪些策略，为幼儿的深度探究带来契机。

案例：在"四季农场"的种植向日葵活动中，在解读幼儿的向日葵日记时，我们发现较多幼儿记录了向日葵和小蜗牛。通过幼儿的解读和描述，我们了解到幼儿观察到小蜗牛在吃向日葵苗，导致向日葵无法继续生长，由此深度开展了"探秘蜗牛"的活动。在如何赶走小蜗牛的过程中，大家认为蜗牛喜欢甜食,于是用糖果、饼干之类的甜食吸引蜗牛。幼儿不同意使用药水消灭蜗牛,因为蜗牛也是值得尊重的小生命。同时,我们阅读了关于蜗牛的绘本故事,在《很慢很慢的蜗牛》这本书里,小蜗牛与多个小动物之间发生的故事引起了大家浓厚的兴趣,由此诞生了绘本情景剧表演。剧本、导演、演员、场地、道具等,都由幼儿自己安排和执行。每一次演练结束后,我们都认真倾听幼儿的自评,了解问题所在,记录事态发展。此外,我们邀请家长、同年级的老师和幼儿园管理人员参与活动评价,并与幼儿共商共议,通过递进式的评价找准"最近发展区",促使幼儿经验得以生长。

2. 从静态的书面反思转向可实施的动态创新

虽然劳动清单评价与激励反馈可以激发教师的内在动力,让评价反思不再"无迹可寻",但也很容易变成被搁置的纸质材料。教师在分享各自评价结果和经验的过程中进行沟通与交流,探寻下一步活动实施的可能性,让静态变成动态。教师之间的相互学习,也是提升专业素养的过程,促进教师更加重视耕读的过程而非结果,发现幼儿的探究需求,采取适宜的策略支持幼儿的探究过程。

案例:随着耕读课程"棉花的那些事"的持续推进,秋收后在将棉花秸秆从田里拔出的时候,幼儿会摆弄棉壳和棉根。"这不就是可再创造的自然物材料吗?"于是教师有意识地将棉花秸秆堆放在农场的一角,并进行记录,期待小朋友能有后续探究行为,但是"事与愿违",只有个别小朋友拉扯了几下棉花秸秆,捡了几个棉壳就再无其他活动。虽然教师有意识地关注到身边的自然资源,尝试对这些资源进行挖掘和利用,还是出现了记录后无下文的状况。对此,师幼之间的相互探讨与反思起到了至关重要的作用。教师在进行体验式教研的过程中,发现材料单一、存放位置不利于幼儿取放、枝干太长有安全隐患等情况,难以激发幼儿采取行动的热情和发挥幼儿的想象力。教师通过亲身体验,感受到辅助材料在创作中的作用,将文稿反思转变为实践创新的过程,成为支持幼儿深度探究的有效策略(见表5)。

表5 "亦耕亦读"棉秆畅想

体验式研讨	好"狮"多磨组	龙行蠱蠱组
材料	底板、棉花根、棉花、宣纸、白乳胶、立体面具、画笔、颜料	底板、棉花根、棉秆、棉壳、强力胶、画笔、颜料、黏土
作品		

综上所述,农村幼儿园可充分利用"亦耕亦读"融合教育优势,提供适宜的探究环境,探寻可行的耕读策略,将劳动过程与幼儿探究进行融合。鼓励幼儿根据自身的发展水平和兴趣需要,开展有针对性的探究活动,帮助其运用独特、新颖的方式进行劳动实践和探索,践行"在劳力上劳心"。在从"浅"体验迈向"深"探究的过程中,使幼儿真正做到"大脑指挥双手,双手锻炼大脑",有效地提升幼儿的学习品质,增强其探索欲和自我效能感,帮助其收获知识与积累经验,让"亦耕亦读"成为支持和引导幼儿从原有水平向更高水平发展的新路径。

参考文献

[1] 尹坚勤,温佳梦.亦耕亦读,乡村幼儿园劳动教育的路径初探[J]学前教育 2021,41

(19):14-18.

[2] 中华人民共和国教育部.3～6岁儿童与学习发展指南[M].北京:首都师范大学出版社,2012.

[3] 中华人民共和国教育部.幼儿园教育指导纲要(试行)[M].北京:北京师范大学出版社,2001.

本文系江苏省教育科学"十四五"集体规划2021年度课题"指向幼儿教师课程胜任力的'百雀驿站'叙事研究"(课题编号D/2021/04/120)的阶段性研究成果。

唐丽华　江苏省南京市将军山幼儿园　幼儿园教师　教龄18年

14. "融合"之道的探索与阐发
——以"邂逅春天的竹笋"为例

随着教育改革的持续深化,"五育融合"既是新时代背景下的育人理念和育人思维,也是一种育人实践和育人能力;"五育融合"不仅倡导教育的完整性,更加强调具体的实践方式和落实手段。将"德、智、体、美、劳"有机地结合在一起,使各个领域相互渗透、互相支持,从而在教育过程中达到一种贯通融合的状态。学前教育是促进幼儿身体、智力、情感和社会性发展的起始阶段,"五育"的深度融合是构筑幼儿综合素质教育的基石,是教师促进幼儿全面发展的实践路径,能够引领孩子们发现未来的多种可能。

一、发现"融合"之难——走向"融合"的挑战

在学前教育阶段,"五育融合"教育理念的落地是一线教师面临的现实挑战:

"融合"理念未能内化,难以突破思维定式;"融合"实施相对割裂,难以整体规划设计;"融合"效应尚未凸显,各育之间缺少关联融通。这些问题成为制约"五育"真正走向"融合"的瓶颈。

(一)"融合"理念未能内化,难以突破思维定式

所谓"五育融合",追求的是"德、智、体、美、劳"能够自然地融为一体。然而,许多教师对"五育融合"理念理解尚浅,未能将其内化,表现为在活动实施过程中,教师容易忽略一些动态生成的教育契机,例如,重视幼儿的科学探索,但在幼儿操作的过程中包办替代,错失了对"坚持"品质的培养机会。此外,教师育人思维缺乏融通意识,这也是阻碍"融合"的现实问题,"融合"课程的实施往往独立于幼儿日常生活之外。这种"非日常化"的教育实施,显然是"为了融合而融合",将"融合"的教育实践局限于特定的时刻、地点、方面或人群。

(二)"融合"实施相对割裂,难以整体规划设计

在传统的教育活动设计中,"五育"之间通常缺少有效的联系和整合,呈现出"五育"实施的分离与割裂之态。在活动前期,教师的整体规划设计没有全然贯彻"融合"理念,致使各育分裂而立。同一个活动的目标呈现出领域单一化特征,各育之间远未达成"你中有我,我中有你"的融合之态。

(三)"融合"效应尚未凸显,各育缺少关联融通

在实际操作层面,"融合"效应并不凸显,其主要原因是教师"融合"经验缺失。活动中哪些教育元素可以相互融合?如何在活动中融入多元化的教育元素?澄清"融合"内涵,探寻融合方法,于教师而言是两个难题。受限于"融合"经验的匮乏,教师往往难以发现各育之间的内在联系,无法将看似不相关的教育目标有机结合起

来,导致缺少具体可行的教育策略和方法,难以真正实现"融合"育人的目标。

要突破"五育融合"的困境,从理念更新到行为转化,从来都不是一句空泛的口号,需要教师不断打破固有思维,持续在实践中尝试、开拓和创新。如何让幼儿园的课程实施成为"五育融合"教育理念生动实践的缩影？在专业发展的道路上,我始终在探寻走向"融合"的突破口。一项源于孩子兴趣的活动——"邂逅春天的竹笋",让我对"融合"有了新的思考与感悟。

二、践行"融合"之路——邂逅春天的竹笋

"邂逅春天的竹笋"是基于"五育融合"理念规划开展的大班探索型主题活动。我们以"融合"视角分析如何进行跨领域活动的设计,如何建立不同领域教育的内在联系,如何在活动过程中捕捉教育契机,并提供适当的支持,尝试实现融合教育的日常化与生活化。

(一) 以"融合"视角厘清设计思路

活动缘起于幼儿在小竹林里偶然发现的一根冒尖的小竹笋。接连两天,户外自主活动时有不少孩子聚集在竹笋周围,提出了许多有关竹笋的问题。这马上引起了老师的注意,我们隐约感觉"融合"的机会来了,"邂逅春天的竹笋"系列活动架构在讨论中孕育而出(见图1)。

1. "调查"竹笋:信息收集的多样化方式

感受到幼儿好奇心的涌现,我们希望通过多途径、多方面的信息收集,培养其观察、信息收集与筛选、同伴合作等多方面能力。在我们看来,多样化的信息收集是实施"融合"教育的载体,其间引导幼儿辨别信息的真伪,可以培养其批判性思维;在小组分工合作中鼓励幼儿相互尊重、协作解决问题,可以培养其团队精神;

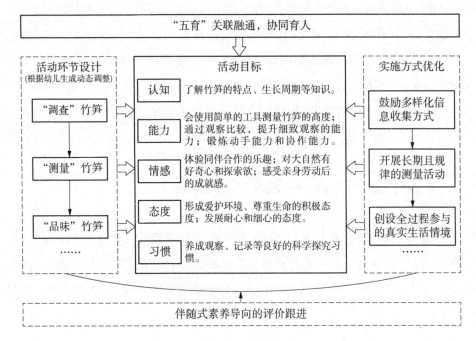

图1 "融合"视角下的活动设计思路

户外观察活动可以锻炼幼儿身体,给予幼儿大自然直观的美感体验……在同一个活动中,各育是可以同频共振的。

在此思路下,我们创设物化环境,提供各类工具,并通过提示和引导,鼓励幼儿自主选择方法开展调查,如实地观察、翻阅书籍、查阅平板电脑……我们还依托周末小任务等方式促使幼儿离园后继续探索、完善资料收集。

实施效果:幼儿积极地进行信息收集,开心地与大家分享自己的收获与感受:或是介绍竹笋的小知识,或是描绘竹笋美丽的景象,或是为竹笋顽强的生命力而惊奇……教师退居幕后,把"自主"还给幼儿,在真实而丰富的体验中"五育"自然发生,促进幼儿多方面素养的提升。

2."测量"竹笋:多途径测量的连续经验

另一个能联结的教育元素是数学经验,顺势开展的测量活动便是智育的良好载体。让幼儿动手测量竹笋的高度,探索不同的方法,其中蕴含了数的概念、测量经验、科学探究等智育内容;操作过程中动作的发展涉及体育;感知竹笋生命力,体现德育的要求。与此同时,我们与幼儿共同商定测量的频次,给幼儿传递科学的探究思维与习惯。为幼儿提供多样化的测量工具,包括吸管、红绳、量尺和木棒等,引导幼儿将各种测量方法和问题实时记录下来,形成科学探究的态度。"融合"教育的日常化,让幼儿不断感知生命、认识生命、尊重生命,在这一过程中增强他们的道德品质和生命意识。

实施效果:幼儿选择不同工具,三天进行一次测量,方式涉及首尾相接、替代物测量等。每次操作后,他们都记录下测量的结果、发现与问题,养成了良好的科学探究习惯。幼儿的各种表达和表现都传递出他们乐意从自然的怀抱中寻找力量与灵感。

3."品味"竹笋:劳动体验后的价值提升

"品味"竹笋作为活动设计的一环,将是一次难能可贵的劳动教育的机会。我们认为真实的生活情境是幼儿学习体验的绝佳之处,从中建立的情感连接很可能成为融合劳育和德育的关键。我们为幼儿提供了所需工具并创设相应情境,鼓励他们全程参与。通过真实情境的创设,幼儿得以亲历从挖竹笋、清洗、去皮到观察烹饪的全过程,这不仅是一种生活技能的学习,更是一次自我的挑战,能提升幼儿的问题解决能力,培养幼儿"坚韧、合作"的劳动品性。我们还希望幼儿通过亲身实践,能对园艺叔叔、大厨等劳动者产生共情,懂得尊重和感恩劳动者,同时建立起劳动与成果之间的直接联系,感受劳动的价值。

实施效果:当这些亲手处理过的竹笋变成餐桌上的一道美味佳肴时,幼儿在品尝时所感受到的,不仅是食物本身的鲜美,更多的是由内而外的成就感和满足感。

(二) 以"融合"目光发现教育契机

在活动中生成的问题有些是出乎教师意料的,当教师尝试以"融合"的目光观察幼儿活动的全过程时,一些小小的教育契机才能被捕捉到,这也为教育带来了更多可能。相较以往,我们转变观察与思考的角度,发掘活动中潜在的育人点,在"融合"的目光中,幼儿的发展将是全面的(见图2)。

1. 林间"寻"笋:问题解决中的思维发展

识别行为:在一次户外观察中,有孩子说:"竹笋实在太难找了,很多小竹笋都躲在叶子下面。"还有孩子说:"竹笋长得好快,过些时间我就认不出它了。"

捕捉契机:"融合"理念的内化让小问题变成了大机会。当面对幼儿的困难时,我们不是用一句"做个标记就好了"加以轻易解决,而是把问题抛给他们自己,借此培养幼儿的问题解决能力。

育人行动:我们用提问引发幼儿思考:"你觉得该做些什么才能更方便地找到竹笋呢?"幼儿在讨论中提出制作"标记"的想法,为竹笋系上标有数字的红丝带成为大家一致认可的办法。

2. 系绳"标"笋:遇到困难后的动作发展

识别行为:幼儿在为竹笋系上红丝带的时候遇到了困难:把丝带系在竹笋的哪个部位不容易掉?怎么打结更好?不太会打结怎么办?……

捕捉契机:为竹笋打结做标记是幼儿在现实情境中遇到的真实问题,是激发其自主学习的良好契机。打结这个过程对于幼儿的手部精细动作发展、手眼协调能力和独立性都有积极的影响。因此,我们想为幼儿创造一个安全和支持的环境,让他们有信心去挑战自己。

育人行动:鼓励幼儿自己尝试打结,即便一开始不太成功,也用积极反馈肯定他们的努力和进步。同时提供个性化支持,判断每个幼儿的具体发展水平,并提供面向不同能力层次的区域学习材料,以此帮助他们在自主操作中实现能力发展。

3. 断笋之"谜":推理游戏中的思维与情感发展

识别行为:又是一个"测量日",孩子们偶然捡到了一棵断裂的小竹笋,大家对此非常伤心。失落、着急、好奇的情绪在孩子间蔓延,他们提出了许多猜想:有的孩子觉得是竹笋变老就断了,有的孩子认为竹笋是被大风刮断的,有的孩子觉得是小朋友碰断的……

捕捉契机:针对竹笋断裂的意外,可从智育出发进行其他四育的联动。幼儿的视角往往是片面的,他们的批判与验证思维不足,对于同伴的观点常持忽略和反对的态度,对此,逻辑推理能力正是教师可以深挖的智育关键点。而幼儿对生命逝去的惋惜之情也正是教师推动活动发展的原动力。

育人行动:结合资料收集和实地观察,我们引导幼儿在提出假设后进行验证,用合理的理由反驳伙伴的猜测,最终"自己"发现竹笋断裂的真相——被球砸断。教师及时组织讨论,引导幼儿共情断裂的小竹笋,共同设计制作"保护小竹林"公告牌,以达到培养环保意识的德育目标。

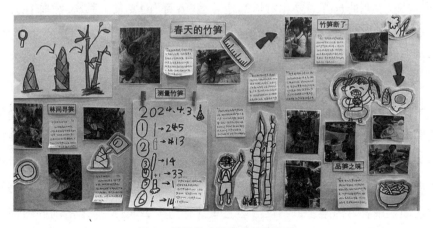

图2 师幼共建的活动过程记录

三、突破"融合"困境——提炼有效的经验

突破"五育融合"困境,意在打破德、智、体、美、劳之间的界限,促进它们之间相互渗透、协同作用,形成"五育"交融的教育生态。通过"邂逅春天的竹笋"活动,我们提炼出一系列有效的"融合"经验,为幼儿的全面发展开辟新的路径。

(一) 突破"关联"之难:设计环环相扣的探索活动

在活动实施层面,"五育"分离并非教师没有"融合"理念,而是在进行活动总体设计时较机械地将不同教育元素拼凑在一起。教育实践要走向"融合",教育元素之间的内在联系是教师首先要思考的问题,以环环相扣的探索活动作为载体融合各育是切实可行的行动思路。

通过系列探索型主题活动,有序推动幼儿的学习逐渐深入,可以实现"跨域融合",即打破领域界限和学科逻辑,进行集德、智、体、美、劳于一体的综合性教育。[1]首先,主题的选择需要相对均衡地涵盖"五育"的要素。其次,教师在设计活动总目标时,既要体现出"五育"知识的"相交性",也要显示"五育"间的"互通性";这些目标既要包含各育的价值观念,也应包括基本的实践方法。以"邂逅春天的竹笋"为例,从融合的视角来看,信息收集和测量的核心素质培养在于"启智",以小组合作的形式开展活动意在"重德",为品笋而制作食物的生活劳动旨在感知和体悟劳动的艰辛与价值。每个活动都紧紧围绕"竹笋"展开,其中也贯穿着事物发展的先后逻辑,顺应了幼儿探索由浅入深的特点,由此各育的核心价值在活动中得以彰显。教师通过活动来激发幼儿的主动性,在幼儿不断发现问题和解决问题的过程中实现各育的融合。不仅活动之间具有高度关联性,每个活动的内部也存在多领域目标的"融合",如测量活动的"智""体"共存,品味竹笋活动的"劳""德"

并重,这有赖于活动本身的特性对不同领域均有涵盖。因此,活动的内容和形式都是教师在设计中需要仔细考虑的重点。

(二)突破"日常"之难:创设生活化的真实情境

想让"融合"理念全方位地进入幼儿园教育生活的全过程,就不能拘泥于单一活动,而是要融入幼儿的一日生活。杜威的"教育即生活"思想,强调教育活动应与儿童的生活经验相结合,使学习成为一种自然的生活过程。[2]基于真实情境的活动最易被幼儿接受并从中获取经验,故而"生活化"路径可被视为破解"五育"融合日常之难的钥匙。"生活体验"强调将教育内容与生活紧密相连,真切地融入幼儿的日常经验之中,从而达到知识、技能、情感、价值观等多维度的自然渗透与综合发展。

陶行知先生倡导"教学做合一",为生活化教育实践提供了方法论指导。[3]在活动过程中,我们利用生活的真实情境,将竹笋的生长故事与幼儿的日常生活紧密相连。例如,我们将测量竹笋融入幼儿的日常户外探索,在推进的系列活动中,幼儿亲自动手,体验劳动的乐趣,同时也学习到植物生长的科学知识,在观察和照料竹笋的过程中培养责任感。此外,与幼儿共制竹笋美食,既增进了幼儿与大自然的情感连接,又让他们体会到了饮食文化的魅力,实现了"五育"与生活细节的自然融合。

(三)突破"渗透"之难:捕捉生成性的教育契机

在幼儿活动中落实"五育融合"理念,往往需要依靠教师对育人契机的敏感与把握。一方面,当各育在活动目标中的互通性越强时,实践中潜在的教育契机便相应丰富;另一方面,教师对"融合"教育理念的深刻理解与实践,使其更具备突破既定教育计划的意识,从而灵活地捕捉蕴藏于活动的教育契机。例如,为竹笋制作标记是否有必要讨论、系绳时教师是否要帮忙打结、竹笋断了该怎么处理等,都需要教师实时作出判断。

在活动开展过程中,幼儿往往会遇到许多问题,教师不可操之过急、包办替代,而是要给予幼儿不断试错的机会,捕捉"五育"的教育契机,把自主权还给幼儿,给他们充足的时间去体验和感受,让"五育融合"在一件件小事中落地。那么如何精准识别幼儿行为,捕捉合适的教育契机呢?这就需要教师对各育目标有较高的敏感度,用一以贯之的"融合"眼光观察幼儿。例如,当幼儿为断掉的竹笋感到伤心的时候,教师不是仅仅安抚情绪,并忽略这个"飞来横祸",而是从中发现了智育的机会,鼓励支持幼儿用自己的方式去探索竹笋断裂的原因。如此生成性的活动并未在教师原有的设计之内,但是当我们慢下脚步,用"融合"的目光观察活动的进程和幼儿的行为表现时,便能发现走向"融合"的教育契机就蕴藏其中。

在"邂逅春天的竹笋"系列活动中,对"五育融合"的思考与实践赋予我们最真切的教育感悟和专业思考。作为教育者,我们认识到真正地走向融合需要深入理解和灵活应用,而非形式上的堆砌。然而,如何在更多元的教育场景下实现"五育"的自然融合,如何构建一套有效的评估体系来衡量融合成效,仍然是我们未来需要继续探讨的问题。

参考文献

[1] 刘登珲,李华."五育融合"的内涵、框架与实现[J].中国教育科学(中英文),2020,3(5):85-91.

[2] 杜威.杜威教育论著选[M].赵祥麟,王承绪,编译.上海:华东师范大学出版社,1981:154-159.

[3] 陶行知.陶行知全集[M].长沙:湖南教育出版社,1985:633.

周楚原　上海市黄浦区思南路幼儿园　幼儿园教师　教龄1年

第四章

评价融合：引领新方向

"五育融合"不仅意味着人的全面发展的教育在德育、智育、体育、美育和劳动教育五个方面是有机统一的,而且意味着人的一切教育活动都包含有生命、知识、道德和审美这四个基本维度,意味着人的全面发展的教育必须和必然具有丰富性、全面性和完整性,意味着"五育"中的任何一个也都必须和必然具有丰富性、全面性和完整性。只有具备这种丰富性、全面性和完整性的教育,才可能给人充分的选择自由,从而服务于人的自由全面发展,并因而才是真正的人的教育,才有可能造就全面发展的人。

《"五育"何以"融合"》,项贤明,《教育研究》2024年01期

15. 从零散拼凑到融合育人：单元视角下整体设计地理复习作业的探索

复习是学生对已学知识进行回顾、整合、运用和提炼的过程。复习作业是以巩固提升已有知识为目标、连续多课时的课后学习活动。与课时作业相比，复习作业涉及的学科知识内容多，跨册、跨学段的内容关联性更大；复习作业综合性强，在情境创设的真实问题解决中，需要勾连到其他学科的可能性更大；复习作业是多课时作业的整体设计，包括课时复习作业和综合复习作业，兼具过程性和终结性评价功能，多元评价的实施要求更高。笔者攻关复习作业这一作业领域的重难点，以人文地理《必修2》复习作业为例，基于单元整体视域，系统设计复习作业，以期建构高中地理复习作业的实践样态，探索实施路径。

一、现状省思：深陷知识唯上的本位观

（一）基于学生问卷调查的分析

近期，区内1223名高中生参与的问卷调查结果显示，相较于课时作业，只有29%的学生经常对地理复习作业感兴趣，46%的学生有时会感兴趣，近1/4的学生很少或从未对复习作业感兴趣。从内容和形式的相关数据来看，超过80%的学生认为复习课作业和单元测试题是一样的；大部分学生经历的非纸笔复习作业频次很少，且超过82%的学生经历的非纸笔作业形式最多的是复述和背诵。经过课堂一轮复习后，仍有超过55%的学生对综合性作业题目感到无从下手。

综上分析，目前地理复习作业往往注重知识的梳理、整理和记忆，作业内容形式较为单一，教师提供给学生的复习方法指引或思维支架较少，未能有效地帮助学生建构完整的单元知识结构和思维体系，难以有效地发展学生的学科核心素养。

（二）基于校本复习作业的评析

以人文地理《必修2》复习为例，学校多采用"N+X"的作业组织模式，即"N份自然单元作业＋X套综合练习"，例如，某校备课组制定了5+3复习作业规划，即划分为人口、城镇与乡村、产业区位选择、区域发展战略、环境问题与可持续发展五大自然单元的分篇复习作业，以及三份全册内容的综合练习作业。其中，综合练习作业多为综合分析题。该校进行了有主题导引、有情境的设计，以"全球变暖""荒漠化""生物多样性减少""上海大都市人地关系演变特征"为主题，紧密围绕教材案例进行知识和技能的巩固和情境迁移的应用检测。

综上可知，虽然当前地理复习作业积极回应"双新"要求，逐步呈现出主题化、

情境化、结构化等特征,但仍存在以下问题:单元设定多是以教材自然单元为主的"复制粘贴",主题选择多为典型案例的"平面复制",情境创设多是在一个区域内或一个主题下材料的"碎片拼凑",考查的知识内容和主题相对独立,类似于课时作业的"拼盘组装"。教师们在进行复习作业设计时,缺少可借鉴的、便于实施的路径和策略。

(三) 基于复习作业讲评课的诊断

在平时的常态教学中,教师大多采用以下复习作业讲评课的环节。

第一步:出示课程标准要求;

第二步:校对完成复习填空;

第三步:逐题进行作业讲评。

由此可见,在这一讲评课流程中,"课标指令、植入概念、机械灌输"的教学方式使地理知识和原理脱离了有效情境,呈现出知识结构松散化、学科内容碎片化、情境设计形式化、反馈诊断表面化等问题。这种讲评课的方式实质上体现了教师知识本位的作业观,容易囿于复习作业的知识巩固和检测功能的狭窄视角,忽视了对学生实践与创新能力的培养,无视作业作为课后学生学习延续的功能,有悖学科综合育人的导向。

二、反思提升:重塑融合育人的效能观

(一) 地理复习作业融合育人的设计逻辑

崔允漷教授认为,单元是一种学习单位,一个单元就是一个学习事件、一个完整的学习故事。从课程视角看,复习作业是完成学习过程的课堂延续,是阶段性学习成果的检测和呈现。它能够满足不同学生素养发展的要求,是落实学科核心

素养、实现学科育人的基本单位和重要路径。从单元整体视角看,作业设计的特征在于:体现作业组织的结构性与一致性,体现学习过程的整体性与系统性,体现不同主体的发展性与创造性。单元复习作业作为更长效、更综合、更系统的作业形式,更应强化目标统整、知识联系、学科整合、综合育人的设计逻辑。通过具身体验、学科知识运用、跨学科学习,培养学生的地理学科核心素养,体现"五育融合",发挥高质量复习作业的隐性价值与意义,促进学生全面发展(见图1)。

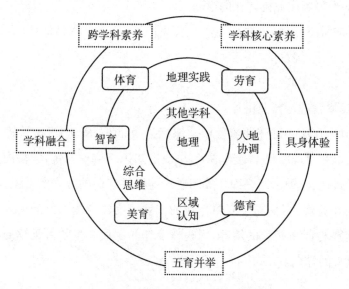

图1 地理复习作业融合育人的设计逻辑

(二) 地理复习作业融合育人的实践路径

从复习作业功能定位和现状困境出发,基于单元复习作业目标课时化、学科内容碎片化、情境创设形式化、反馈诊断表面化等问题,聚焦思考如何打通复习作业从零散拼凑到融合育人的壁垒,立足单元整体,系统解答"融合什么""怎样融合""融合到什么程度"三个关键问题。其中,"融合什么"涵盖单元课时复习作业和综合复习作业的知识内容选择;"怎样融合"关乎学科知识的处理和呈现形式,关乎以综合性问题解决为出发点的不同学科间的互动关联;"融合到什么程度"体现评价标准的确定、反馈、约束的融合过程,考量核心素养的落实和"五育融合"育人目标的达成,如图2所示。

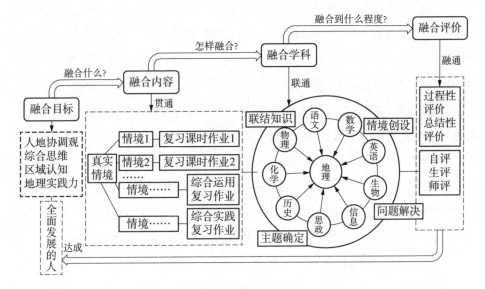

图2 地理复习作业融合育人的实践路径

三、实践探索:建构复习作业的实践样态

以高中人文地理《必修2》整本书复习作业设计为实践案例,遵循上述地理复习作业融合育人的设计逻辑和实践路径,基于课标、教材和学情,统筹各复习任务的作业安排、目标、形式、内容和难度,一体化设计"何以上海、实证上海"的主题

性、情境性、实践性、综合性的地理复习作业。

(一) 融合内容：贯通整本书的内部联系

1. 关联复习知识，制定作业目标

对人文地理《必修2》复习的教材知识内容进行结构性和关联性的整理，厘清自然单元的内部关联、自然单元之间的关联、与其他学科学习内容的关联，梳理内部各主题以及与其他四册教材作业的内在结构、纵向结构与横向结构，同时以区域认知、综合思维、人地协调观、地理实践力四大地理核心素养作为作业目标维度，由此确定由低到高四个层级的素养水平要求。

例如，人口、城市、产业等人文地理事象包括地理特点、区位、时空变化以及出现的人地关系问题。以人口单元为例，人口的分布、人口的迁移特征描述对应区域认知的第一层级水平；分析人口分布的影响因素和人口迁移的时空变化特征对应综合思维的第一、第二层级水平。复习知识的关联性分析，有助于在单元视角下，厘清各复习任务之间的统整、关联、延续和递进关系，从而融合制定复习作业目标，确定学生完成复习任务后应当达成的学科核心素养水平要求。

2. 重组复习任务，统筹作业规划

根据课标，人文地理《必修2》要求结合人类社会经济活动的真实案例进行分析，因此鼓励和要求学生走出课堂，采用社会调查、案例分析等方法，联系生活实际，解决现实问题，提高学生的综合分析能力和实践能力。

在规划作业前，对学生区域认知学情进行了问卷调查。学生对崧泽遗址等上海本地情况都较为熟悉和了解，75.72%的学生知道崧泽地区是上海先民最初的家园，分别有84.55%、84.87%、69.37%、67.7%的学生了解在崧泽遗址发现了"上海第一人""上海第一稻""上海第一房""上海第一井"，同时，77.43%的学生知道崧泽遗址所在地崧泽村成功创建了上海市美丽乡村示范村。学生在相对熟悉当地地理环境的情况下,引导学生将地理学习与自己的日常生活联系起来,将课堂上学到的知识和原理在生活中加以印证,使抽象的知识原理具体化,加深对家乡人地关系的理解,增强对家乡的认同感和自豪感,培养热爱生活、热爱家乡和热爱国家的情感。

因此,如表1所示,确立了复习作业主题是"何以上海,实证上海"。通过模拟地理研学实践活动,以上海"缘水而生""向水而兴""因水而变""水岸联动""传承创生"历史发展情境为关联点,重组复习内容,完成复习任务、目标、布置要求等的分解。探源寻根"上海第一",回溯上海"以水兴市,港城共荣"的历史,展望上海发展新蓝图,达到使学生"具备家国情怀和世界眼光,形成关注地方、国家和全球地理问题及可持续发展问题的意识"的课标要求。

表1 何以上海,实证上海——人文地理《必修2》复习作业整体规划

复习作业子主题	缘水而生·崧泽开纪元	向水而兴·贸易口岸城市诞生记	因水而变·上海港变迁记	水岸联动·苏州河重生记	传承创生·长三角一体化
主要对应教材内容	第一单元 人口	第二单元 城乡发展	第三单元 产业区位	第五单元 环境问题与可持续发展	第四单元 国家发展战略
复习任务目标	解释人口现象与地理环境的关系（素养水平2）	解释城乡发展与地理环境的相互影响（素养水平2）	理解产业区位与产业发展（素养水平2）	如何面对环境问题协调人地关系（素养水平2）	说明国家重大发展战略的地理背景（素养水平3）
复习作业情境	"上海第一人""上海第一稻""崧泽再出发"	"小城初现""申城起航""魔都腾飞"	"见证上海港早期发展""守护上海港航运水位生命线""记叙上海港的变迁故事"	"苏州河涅槃""苏州河蜕变""苏州河重生"	"谋势前行——大会展、大商务'动力核'""乘势而上——大数字、大江南'创新绿核'"

(续表)

模拟研学地点	崧泽遗址博物馆	上海城市规划展示馆	商船会馆、吴淞水位钟、吴淞口国际邮轮港、江南造船厂	梦清馆——苏州河展示中心	长三角生态绿色一体化发展示范区规划展示馆
作业布置时间	第一单元复习后	第二单元复习后	第三单元复习后	第五单元复习后	全部内容复习后
作业布置说明	"第一稻""崧泽"情境作业作为第一单元的巩固，也作为第二、第三单元部分内容掌握情况的提前了解	也可进阶设计成单元复习长周期活动类作业，设计《上海城市规划展示馆研学手册》，进行整册书复习后的综合实践运用	重点考察了工业区位和服务业（交通运输）区位，从完整性角度考虑，也可再适当补充关于农业区位的作业	重点考察了水污染和生物多样性减少的环境问题，从完整性角度考虑，也可再适当补充关于荒漠化的作业	可作为期末复习测试综合卷使用

3. 进阶复习水平，设置作业梯度

区域内对学生基础知识和综合思维学情进行了相关问卷调查，在针对问题"影响人口分布的原因有哪些"的回答中，学生选择"气候适宜""地形平坦""水资源丰富""经济发达"等因素的超过了90%，说明学生在自然因素和人文因素方面均进行了整体的思考，对人文地理《必修2》知识掌握的广度较好。在对于"苏州河污染的原因是什么"的回答中，89.94%的学生选择了"工业企业排放废水"，而"河道弯曲导致水流不畅"的选择率低，只有53.15%，说明综合分析能力有待提高，综合思维有待提升。

创设"何为崧泽？山高而大曰崧，水下有水曰泽，上海地表水资源丰富，为何先民们还要挖井取水？为何定居于水边高地？"的作业问题情境，以选填的形式进行"上海第一井"结构图的设计，帮助学生推导开凿水井的自然原因，综合考察上海的自然地理环境、易发自然灾害和生态环境问题等方面内容,并通过分析推测出其在生活生产中的主要功能,关注人地协调。"上海第一村"相关作业设计则是在结构图基础上,以综合分析形式解释人口现象与地理环境的关系,在题型、难度、核心素养水平等方面都体现了逐级提升。"何以上海"情境主题式活动作业的设计,帮助学生从具体的问题出发,将整个教材不同单元主题的知识进行相互联系和综合分析,通过完成结构图,形成对某一具体人文社会经济活动现象和过程背后的地理原理的完整认识,增强区域认知能力和综合思维。

(二) 融合学科:连通现实世界的真实问题

1. "学科+"素养融合作业设计

对于跨学科主题学习融入的整体设计,是基于学生基础知识、基础技能以及兴趣爱好等,围绕复习任务的实践活动主题,以地理课程内容为主干,融合其他学科知识、技能和核心素养开展的综合性学习。

例如,在"因水而变·上海港变迁记"作业中,设计"商船会馆—吴淞口水位—江南造船厂"模拟研学路线和对应主题,以完整填写活动记录单的形式,引导学生运用产业区位选择、区域发展战略等相关学习内容,联结物理、数学等其他学科,分析区域地理条件对船舶性能特征的影响,构建出如"方头方尾的沙船首尾形状,起到了浪高压浪、放大船宽、降低重心的功能""平底的船底结构是因为要适应长江口航道较浅"等认知,建立起沙船结构、沙船性能特征、与区域地理条件的适应性三个维度之间的内在关联,解构事物背后的地理环境特征。创设吴淞水位钟——水上"红绿灯"的真实情境,在"当一艘万吨轮船需要驶进吴淞口时,吃水深度10米,吴淞口航道的基本水深是7.1米,根据水位钟显示的实时水位,这艘轮船能进港吗"这一真实问题的解决过程中,运用多学科要素,探寻上海港港区区位与功能的演变。

2. "学科+"实践融合作业设计

设计跨学科主题学习问题链,使每个实践点的探究活动更具目的性和趣味性。例如,设计以探究苏州河涅槃重生历程的主题任务为驱动,以苏州河"黑臭史""蜕变史""变形记"探究问题的解决为导向,引导学生在作业创设的真实情境中进行迁移应用。在苏州河"黑臭史"的探究性作业中,以"苏州河是上海的'母亲河'还是'外婆河'""苏州河水污染为何又臭又黑""苏州河如何从上海饮用水源地变为黑臭带,对上海有哪些不利影响"为问题链,引导学生从"入境"时已学知识的输出,到"沉境"时知识的综合运用,再到"出境"时知识的完整建构和素养要求的达成,在作业完成的过程中又形成了新的学习经历。

在"蜕变史"的探究性作业中,以"经过环境综合整治工程的苏州河现状如何"问题为驱动,应用融合化学检测法和生物检测法的跨学科方法。通过图表解读,学会将水体透明度、酸碱度、溶氧量等采样数据与国家水环境质量标准进行比较,辨别水质的优劣;依据水中溶解氧含量、生物量、多样性指数等水质检测衡量指标变化,简述苏州河水质时空变化特征,考查学生的信息获取与加工、逻辑推理与论证、科学探究与思维建模、语言组织与表达等关键能力。

3. "学科+"创新融合作业设计

创新性作业任务鼓励学生将所学知识应用于现实世界的真实问题中,通过实践操作和创意思维,提出新的解决方案或创新性的产品,将不同学科的知识、技能与思维方式相互融合,培养学生具备跨学科的创新能力和解决问题的能力。

例如,运用多学科的知识和方法深入研究"梦清园"景观水体生物净化技术,并通过《生物强化净化作用在梦清园芦苇湿地中的应用研究》文献学习,解释"分布式消解床"三个模块的原理,最终撰写研究报告或论文。这样的作业设计能够培养学生的批判性思维、问题解决能力和社会责任感。

(三) 融合评价:融通学科实践的落地实施

1. 提供实践活动的参照范例

人文地理《必修2》的必修性质和内容特点决定了其为落实地理实践力核心素养培养的重要模块。但根据地理实践力学情问卷调查,实地考察、虚拟展厅考察等综合性实践方式却很少被学生们所应用,占比不到25%。

本册单元复习作业的活动整体以实地考察、线上虚拟展厅综合性实践的形式进行展示,更符合人文地理《必修2》期末综合复习和课标中综合性学习的要求。而在具体实践活动设计中,如表2所示,根据课程标准对人文地理《必修2》地理实践力的培养要求,进行了信息解读类、地理技术类、实地考察类等多类型的设计,并通过多样化的工具使用、成果表现形式,期望为学生实践活动多样化的开展提供一定的参考和参照范例。在完成作业的过程中,学生经历了品尝籼米和粳米、闻大米香味、解说博物馆文物、画时间轴等具身体验过程,了解了地理实践活动开展的基本流程,掌握了研学活动的实践技能。

表2 单元作业实践活动形式、表现形式列表

主题情境	活动地点或路线	活动形式	表现形式
缘水而生	崧泽遗址博物馆	博物馆文物寻证、大米米饭实验、文献阅读	博物馆讲解词撰写、实验记录单、文献时间轴
	青龙镇遗址	实地遗址寻迹、工具使用	研学活动记录单、工具清单
向水而兴	上海城市规划展示馆	项目化研学活动	研学手册
因水而变	洋山深水港	研学日志	研学汇报讲稿撰写
	商船会馆——吴淞水位钟——江南造船厂	实地考察	研学活动记录单

(续　表)

主题情境	活动地点或路线	活动形式	表现形式
水岸联动	梦清馆——苏州河展示中心	VR虚拟展厅考察、文献查阅和分析	探究活动任务安排表
	苏州河典型河段	city walk探寻城市记忆	探究活动任务安排表

2. 体现地理实践能力的进阶性

按照课标对地理实践力要求的层次划分,在活动设计上也进行了不同层次的要求。从场馆内对展示文物和文献的搜集与整理,到青龙港遗址、商船会馆、吴淞水位钟、江南造船厂以及洋山港的实地考察,并根据需求设计和使用工具,再到线上虚拟展厅考察的问题链探究和反思,以及文献阅读和问题解释,最后进行上海城市规划展示馆中项目化研学活动的综合实践,整个活动流程培养了学生收集和处理地理信息的能力、设计地理实践活动方案的能力,对学生的信心意识、问题意识、合作态度、设计创意、工具使用、实施活动、体验和反思等方面的要求逐步提升,促进其进阶式发展。

3. 实施研学作业的多元评价

"在城市中发现地理之美——上海城市规划展示馆研学"活动设计了以项目任务完成度、活动态度与创新能力、信息材料检索能力、分工合作能力评价为主的量规,用于研学项目作业实施中的过程性评价。该类活动的评价关注了学生的学习能力,包括对相关知识和方法的运用程度,在真实项目任务情境中提出问题和解决问题的能力,在真实且复杂的、结构不良的任务情境中进行信息材料检索的理解能力,以及学生在实践活动中的学习态度、观念和合作意识。

四、复盘剖析:回溯复习作业的实践理路

(一) 实现复习作业育人导向的四大要素

实践总结发现,主题引领、知识统整、问题解决、实践体验是地理复习作业设计的四大核心要素。主题引领能促成知识之间的交互与碎片化整合,形成贯通的整体情境,确保学生的持续性迁移学习经历;知识统整是将跨册、跨学段内容进行结构化关联,指向核心素养培养的地理概念的巩固和理解,推进知识的解构、重构和内化,构建生成完整的知识图谱;问题解决在一定程度上能打破原有的认知平衡,在解决系列化问题的持续过程中,引导学生调用已有知识、技能和方法,在探究新情境中地理事象的本质中完成已有认知的迭代,指向高阶思维发展;实践体验能将主动权交给学生,改变纸笔作业的传统样式,通过多样性、序列化、进阶型的实践活动类作业引导学生整体感知、身心参与、主动思考,实现学生在地理学科知识、能力、素养方面的进阶提升和个人的全面发展。

(二) 推动复习作业融合育人的四条主线

基于学生学习立场和大单元建构,依据四大育人导向的要素确定,厘清复习作业融合育人的四条主线:知识逻辑线、情境贯通线、问题解决线、实践活动线。知识逻辑线以核心概念为融合点,联结学习内容,重构知识网络,并转化为具有整体性、关联性、系统性的知识体。情境贯通线是在核心概念提炼和学科理解的基础上,聚焦学科学习、生活体验、社会热点等,创设有趣又有意义的复习单元作业主题和关联性分课时子主题。问题解决线是指遵循问题解决任务化逻辑,在作业设计中基于问题情境搭建脚手架,提供填空、连线、选择、作图、问答等多种作业形式,基于框架图、指导说明、研学任务单等文本支架,将复杂问题拆分为若干个系

列化作业任务。实践活动线则是从整体出发,统筹学习资源,联结学生生活,拓展学习场域,遵循学科的知识与方法逻辑,创设能够吸引学生全身心参与的作业任务,从简单动手操作推进到理性思考下的实践,促进素养目标进阶式发展,最终形成活动方案、调查计划、研学报告等观念物化产品。

从零散拼凑到融合育人的高中地理复习作业的设计实施,契合了理解本位、素养导向、综合育人新作业观的要求。但不同类型复习作业的联系、区别、功能定位等还需要进一步探索和实践,最终的目的是在"减负增效"的背景下,提升单元复习作业的育人品质。

参考文献

[1] 王月芬.单元作业设计:价值、特征与基本要求[J].上海教育,2019(13):33-35.

[2] 周璐,余金丽.从分化走向融合:蕴于概念的语文项目化作业实践研究[J].语文建设,2023(14):36-42.

[3] 张研馨,陈诗吉.指向减负增效的高中地理主题单元作业设计——以"土壤盐碱化"单元为例[J].地理教学,2023(19):47-51.

[4] 殷世东,李敏.跨学科主题学习的核心要素与实践理路[J].课程·教材·教法,2024(8):134-138.

俞琼　上海市青浦区教育学院　中学地理教研员　教龄21年

16. 画像循证：指向素养"小步进阶"的校本评价融合行动

中共中央、国务院颁布的《深化新时代教育评价改革总体方案》与教育部发布的《教育部关于推进中小学教育质量综合评价改革的意见》都要求改进结果评价，强化过程评价，探索增值评价，健全综合评价，充分利用信息技术，提高教育评价的科学性、专业性、客观性。但是在区域差异、校本差异等情况下，学校的实践还是存在个性化问题，这就需要针对性地"动刀"。

一、问题思考

在研究本校目前存在的问题时，我们通过对管理者、教师、家长、学生等对象进行满意度问卷调查和访谈，总结了我校学业质量评价改革中较为突出的几个问题：缺乏过程经历，表现为评价有点状静态，无线状延伸；缺乏表现过程，表现为结果有简单等级,无成果展示;缺乏综合痕迹,表现为报告有登记记录,无数据赋能。

学校需要看见学生的努力过程,发现学生的个性特长,导向学生的成长价值追求,积极探索符合学生成长需求、素养提升的校本化评价,为学生画像、赋能、导向。因此,我校以儿童立场为办学理念,从儿童"健康成长""过程看得见"的角度,以基于证据的学业评价为基本主张,探索"导向赋能型"学业质量评价,以"小步进阶"的方式设计和搭建评价阶梯。我校校本评价融合行动的路径、策略以及具体操作方法如图1所示。

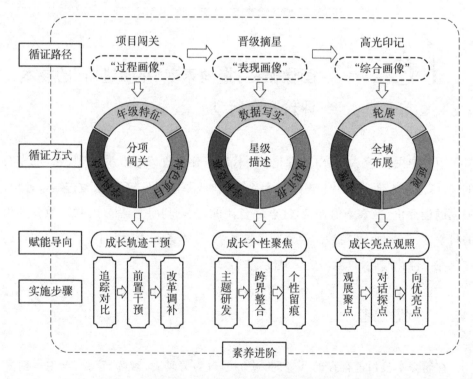

图1 校本评价融合行动的路径、策略及具体操作方法

二、路径探索

(一) 项目闯关:"过程画像"中进阶干预具象化

评价项目对提高学生学业成绩具有显著的正面影响。多维度描述小学生学习过程、成长过程和学习成效,真实记录学生学习过程中的兴趣、态度、思维、合作等方面的表现(见图2),并将学习过程中的表现也纳入素养评价。

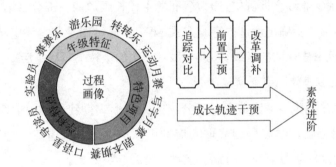

图2　过程画像

1. 分项闯关,精准"过程画像"

在精准学生成长画像中,首要环节是学习过程画像,通过分项闯关的形式,学生每学期得到一份画像记录。分项的方式有三种,分别是根据年段不同进行分项,根据学科特征进行分项,根据学期时间节点进行分项。

(1) 根据年段不同进行分项

低年级学生活泼好动,在游园闯关游戏中,得到了每个项目的星级,也得到了每个学科素养评价的结果数据。高年级学生通过学科小型闯关竞赛,进行星级评价。不同年级学科素养在分项闯关中得到数据,形成过程画像。

(2) 根据学科特征进行分项

不同的学科要培育的核心素养不同。第一步,教研组长组织梳理本册教材中包含的核心素养要点,绘制成表。第二步,根据要点在每个学期设计2—4项学科闯关评价活动。第三步,根据闯关提供的星级数据,学生获得评价单,学校形成过程画像,如"阅读达人""口语交际星""星级实验员"等。

(3) 根据特色项目进行分项

我校作为省级书法校园、省足球学校,有多项传统特色学习项目。我们将这些项目融合到学业综合评价中,作为精准学生成长画像的一部分。第一步固定项目评价节点,第二步确定评价内容和方式,第三步通过闯关获得评定结果。例如,除了学校特色书法社团的考级,还进行每月一次的全校书写摘星活动。

2. 循"过程画像",成长轨迹干预

在每学期结束时,每位学生通过分项闯关的形式得到最后的学期画像,根据画像结果,对存在的学习问题采取相应的干预措施。通过追踪、前置、调整等策略,引导学生发现学习漏洞,寻找更优学法,提升学习效果。

(1) 追踪对比

在六个年级十二次学期学业评价的过程中,会产生十二个雷达画像图,这就是动态成像。追踪学生在雷达图上的变化,可以看到学习优劣势变化等,探明问题原因,帮助学生在下一学期改进学习。一个学期后再次对比雷达图,可以实现追踪效果可视化,让学生成长轨迹外显。

(2) 前置干预

在追踪学业评价后,发现学习问题和困难,可以通过前置学习的方式进行干预。针对学习态度问题,进行前置学习目的和意义的干预;针对学习方法问题,采取前置学习方法的干预……在前置干预中让学生的成长朝着更优的方向发展。

(3) 改革调补

在追踪成长画像的基础和前置相关学习后,针对还存在的问题,在校本课程中作调整和补足。例如,针对学生在实验探究中动手能力普遍不足的问题,可以考虑增设更多样的实验探究校本课程,引进校外实验探究项目,积极干预;针对阅读素养不足的问题,增设校本阅读课程,加大阅读引导,创设阅读环境,开展更多的阅读活动等;针对交流能力不足的问题,开展项目化活动、跨学科活动,增加课堂小组合作次数并提高质量。

(二) 晋级摘星:"表现画像"中进阶聚焦个性化

学校注重对学生正确价值观、必备品格以及关键能力的分项诊断,旨在塑造学生独特的个体发展画像并进行报告,引导学生改进学习,以更全面、多维度的方式洞察个体的成长和表现。从日常数据写实、学科小型竞赛、专项成果汇报三个主要维度,精准化描绘"表现画像",对学生成长进行个性化聚焦(见图3)。

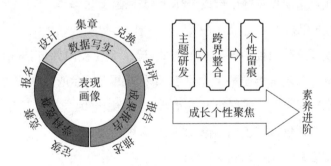

图3 表现画像

1. 星级描述,精准"表现画像"

分项星级在评价中充分发挥实践的独特育人功能,强调通过真实情境的实践任务评估学生的知识理解、技能掌握以及运用知识解决问题的能力。在对学生的个性特点、个性特长的分项评价中,辅以语言描述。学校采取日常数据写实、学科竞赛定级、专项成果报告的描述方式,对学生进行"表现画像"。

(1) 日常数据写实

在学生素质报告单的"我的学业评价"一栏中,根据市小学生综合评价指导意见和本校特色,设计全学科期末学业评价表。针对不同学科,分别从国家课程、地方课程、校本课程等方面进行报告。每学期各科教师和班主任将星级数据进行网络采集登记后,就可以看到关于学生德智体美劳各方面的写实图像,形成日常"表现画像"。

(2) 学科竞赛定级

每学期开展学科小型竞赛,以定级别的方式对部分学生的特长项目、爱好项目进行评价。第一步,学科小型竞赛参赛成员自主报名。第二步,组织开展竞赛。第三步,根据竞赛结果定级表彰:一星级代表合格,二星级代表良好,三星级代表优秀。学生在自主项目竞赛中形成个性化"表现画像"。

(3) 专项成果报告

艺术专项评价采用校内外结合的方式,除了关注校内评价,同时也关注校外艺术成就评价。对艺术类学科的个性特长采用语言描述的专项成果报告,如"钢琴九级""跆拳道黑带""声乐三级""古筝八级""绘画全国二等奖"等。艺术专项成就评价纳入综合评价,让"表现画像"更加全面化、个性化。

2. 循"表现画像",成长个性聚焦

根据日常数据写实、学科竞赛定级、专项成果报告所形成的"表现画像",聚焦学生的个性成长,助力学生发展的自适应。在综合画像的基础上,组建合适的项目化学习小组。学校从项目化学习的主题研发、跨界整合、项目留痕三个环节,助力学生个性化发展。

(1) 主题研发个性化

在开展探究活动中,学生以小组的方式进行合作。在小组学习中可以避免大班学习的弊端,让每一位成员都参与进来,充分展示成员个性。第一步,每个成员自主研发探究的主题,形成小组选题;第二步,论证选题,并轮流开展选题研究;第三步,每个成员总结汇报自己的选题。主题学习项目是对学生评价的重要依据,通过自主研发主题,给予学生个性成长的空间。

(2) 跨界整合个性化

整合施"教",从学科立场转向育人立场。在跨界整合中,虽有分科,但因为学科评价星级还指向综合素养,所以各科教师不单要评价本学科的基本知识掌握情况,更要评价学生个体的综合素养。如何在项目的跨界整合中凸显小组成员个性?第一步,根据学科优势进行项目分工;第二步,利用个性特长开展学习;第三步,根据学习结果进行小组个性汇报。

(3) 项目留痕个性化

在项目化学习成果汇报后,针对每位学生最优势的一个或多个项目,颁发个性化"特长奖章"或"优势奖章"。例如,荷花章、菊花章、郁金花章、满天星章、米兰章分别代表德、智、体、美、劳,集齐五种章可兑换"＊花章",每学期可兑换一次。操作方法是:第一步,每学期开展一次领军人物申报,确定优势项目的初选人员;第二步,进行海选,包括人物介绍、海报宣传等;第三步,投票公选并表彰。

(三) 高光印记:"综合画像"中进阶观照亮点化

改变评价结果的呈现方式,让评价结果更好地体现学生学科素养的发展,凸显评价的诊断激励功能,是思考、实践的要点。我校所实施的项目化长作业不仅涵盖了传统意义上的长时间,而且还涉及内容的深度、思考的范围以及过程的复杂性(见图4)。

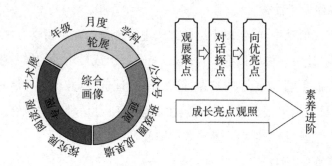

图 4 综合画像

1. 全域布展,精准"综合画像"

多形式的表现性评价旨在探索通过真实情境的实践任务考查学生的知识理解、技能掌握以及运用知识解决问题的能力,关注跨学科学习。通过分项展示,精准描绘每位学生成长的综合画像。

(1) 轮展:各科学业作品

所有年级,所有学科,每学期进行一次长作业展,从项目确定到1—2个月的项目实践,最后通过校园汇展的形式进行汇报和展出,并表彰优秀成果。寒暑假优秀学科作业和实践作业每学期展示一次。

(2) 专展:主题项目成果

根据学习主题和项目主题进行专项展出,可以采取多种形式,如艺术作品展、阅读成果展、数学探究项目展、劳动成果展等。

(3) 延展:跨界学习成就

公众号推送:通过学校公众号展示学生的长作业,既是肯定学生的学习成果,也是获得多维评价的重要渠道。可以通过扫描二维码进行星级评价,让家庭和社会共同参与,方便学校采集评价数据。

班级圈展示：班级是各学科评价的主要阵地。班级板报、班级墙报、电脑屏幕等都是有力的展示区域，更可以通过钉钉班级圈的网络形式进行展示和评价。

成果墙展示：对于部分学习成果可以采取档案式和成果册的形式进行展示评价，如优秀作文集、精品画册、诗歌创作摘录册、摄影作品集、调查报告册等。

2. 循"综合画像"，成长亮点观照

通过日常记录和长作业展示、主题作业展示等多种成果汇报形式，形成学生成长的"综合画像"，目标聚焦于对学生进行成长亮点的观照。在综合画像中，我们主要通过观展聚点、对话探点、向优亮点三个环节达成。

(1) 观展聚点

观展聚点是组织学生自由参观长作业展示，在主题展中聚焦优势群体、优秀作品、优创精神等。第一步，提出观展要求：一看内容，二看形式，三看创新。第二步，学生在自由观展的过程中带着思考，建立捕捉展示作品亮点的前置思维。由"观看"到"思考"，为下一步对话做好准备。

(2) 对话探点

对话探点是学生在参观展览的过程中，或者参观结束后，进行小组交流活动。学生表达观展收获，发表对展示作品的看法，评论本次展览的作品等，形成小组间的对话。经过对话的环节发表观点，共同探究优秀背后的原因。

(3) 向优亮点

向优亮点是通过小组对话和班级对话，引导学生在评价中形成对"优秀"的定义，在潜移默化中向"优秀"学习，以"优秀"为榜样，点亮自我成长方向。

三、实施成效

在两年的探索中，我们虽有策略和方法上的微调，但总体能按照基本路径实施，并取得了初步成效,也为进一步深入融合评价提供了更清晰的方向。特别是对"融合"的理解更加深刻,使校本评价有了具体的脚手架,改革的效果开始逐渐呈现。

(一) 获得循证融合的画像法

1. 把素养评价融入活动过程——有证可循

对学生核心素养的评价不是最终目的,重要的是在评价过程中促进学生核心素养的提升。改变单一的学业评价方法,推广实践性评价,采取多样开放的评价方法,了解每个学生的优点、潜能、不足及发展需要,完善评价内容,优化评价方式,改进评价结果呈现方式。

2. 给素养形成搭建脚手架——有阶可上

通过对不同表现性任务的设计和实践,教师们也慢慢体会到:评价需要参考课程方案和课程标准中的要求,并结合任务内容具体化,最终形成评价学生的"脚手架",帮助学生不断小步进阶,实现素养提升。在诊断改进的学科分项等级评价中,推广基于真实情境任务的实践测评,激活融于学习活动的过程性评价,建立德智体美劳全要素评价与多层面成长画像。

3. 让综合画像发挥导向作用——有向可指

基于学校学习评价过程中面临的现实问题,以循证为依据,通过项目闯关、晋级摘星、高光印记的路径,精准过程画像、表现画像、综合画像,建立面向全体学生、体现素养导向、强化过程体验、促进主动学习的小学生学业评价模式,实施成长轨迹干预、成长个性聚焦、成长亮点观照的路径,推动学校切实转变育人方式,促进学生素养提升发展。

(二) 点燃儿童成长的内生力

让评价回归育人,是课程改革亟待解决的问题之一。依循"儿童立场为儿童"

的办学理念,建构并实施校本评价,从而寻找儿童成长的可能,激发儿童成长的力量,树立儿童成长的参照。"五育融合"的评价体系形成了小学阶段的动态画像,点燃了学生的成长内生力,改变了成人的评价观,撬动了教与学的变革。

具象化干预、个性化聚焦、亮点化观照,正是落实新课程方案与课程标准的校本化具体行动,使教育回归育人初心,建立重在过程表现、促进有效学习的学生综合评价机制。

(三) 倒逼教师形成评价实践力

校本评价实施的对象是儿童,实施者是广大教师,只有教师的理念转变了、设计方案落实了、评价操作跟上了,评价才会起效。同时,在探索中,教师也获得了融合评价的实践能力。

第一,教师学会了设计基于课程标准、结合学习过程表现、体现学科关键能力发展的分项等级评价活动。分项等级评价是遵照学科课程标准要求,通过基于学科素养与过程表现的若干分项的等级评价,形成反映学生个体学科素养发展的更细致的画像和对学习进展的建设性诊断。

第二,教师改变了在课程评价中的被动态势,执行评价能力和运用评价促进学生学习的能力得到了提高。实行"等级加评语"的评价方式,是破解"唯分数""唯升学"的有效策略,有助于淡化横向比较,关注个体差异,帮助学生在原有基础上实现发展。改变小学唯分数的评价倾向,建构以校为本、促进学生成长的评价体系。

参考文献

[1] 齐宇歆.跨学科视野下的人类学习行为及其评价[M].杭州:浙江大学出版社,2020:293.

［2］吕佳琳.数字孪生视角下小学生综合素质评价模型的构建研究［D］.无锡：江南大学，2022.

［3］刘静，王光明.过程性评价对学生学业成绩影响研究——基于63项实证研究的元分析［J］.中国考试，2024(1)：72-82.

［4］于未娟.探索"数据循证"的学校评价改革——以北京市东城区培新小学四年级学生综合素质监测为例［J］.中小学信息技术教育，2023(11)：27-28.

［5］沈建华，李泽泉，徐桑桑.基于学科素养 改进结果评价——小学评价改革的校本探索与实践［J］.教学月刊：小学版(综合)，2023(10)：37-40.

［6］卢茜.核心素养导向的游戏化评价策略——深圳市宝安区凤岗小学的实践改革探索［J］.现代教育，2023(9)：18-21.

［7］张民生.建立学生学业质量绿色评价系统［J］.中国教育学刊，2012(2)：10001.

毛秀萍 浙江省平湖市百花小学 语文教师 教龄20年

17. "魅力魔方"：小学生综合素养评价的创新研究

用评价撬动教育改革，用评价推动全面发展，是当前教育的重点、热点、难点。落实基于前沿教育评价理论和先进信息技术的全新教育评价理念，充分发挥教育评价的导向、激励、诊断、发展等多重积极功能，构建面向全体学生、体现素养导向、强化过程体验、促进主动发展的小学生综合素养评价体系，已成为当下教育的一项首要任务。

一、"魅力魔方"——综合素养评价的再思考

（一）评价需要从平面走向立体

通过问卷调查，我们发现 80% 以上的家长和教师更偏向于学生学业评价，事实上，评价的内涵与外延远不止于此。为此，我们试图通过构建全方位、立体式、科学化的六大素养评价体系，实现评价结果的多样态呈现，促进、激励学生综合素

养的提升，助力学生全面发展。

(二) 评价需要从主观走向客观

目前各学校普遍班额较大，大部分教师在评价中无法兼顾学生的个性发展和个体差异，在评价过程中往往会出现目标不清、过程无凭、结果不明的情况，通过主观印象的判断进行评价，导致评价结果不客观。对此，我校通过定全人功能、定素养领域、定三维梯度、定个性项目，有效提高评价的信效度和精准度，从而使教师评价由经验判断走向循证诊断，更具客观性。

(三) 评价需要从单一走向综合

传统的学生评价往往是一本记分册、一张积分卡，功能单一，反馈延迟，有效调控得不到很好的发挥，评价育人的导向作用难以实现。教师在数据素养支持下，运用OKR(Objectives and Key Results，目标与关键成果)方法，将学生各方面的表现评价长期积贮、即时调用、动态分析，最终实现实时监测、有效反馈、及时调整，帮助学生不断重新定位、建立自信、适性发展。

二、"魅力魔方"——综合素养评价的创新思路与实施

"魔方"评价的结构化思路。该评价体系如同魔方一般，具有一核、六面、三阶、九项：以学校的办学理念作为综合评价的核心，分别进行学习、品行、运动、艺术、劳动、实践六大素养评价领域的研究，每一领域细分为低段、中段、高段三阶，每一阶又细分为三大素养共计九项目标，在此基础上，每一项目标都有三个基本观测点和X个学生自定观测点(见图1)。

"魔方"评价的数字化思路。该评价体系借鉴OKR方法，以互联网为基础，鼓

励学生根据自身特点,运用思维导图、目标树等工具,清晰识别和制定自己的目标,通过大数据、云计算等科技手段采集过程性数据,帮助学生在行为过程中进行实时的自我观察、记录、反思,推动他们主动设定目标、自主管理过程、持续反思改进,最后形成专属的"自励成长画像"。

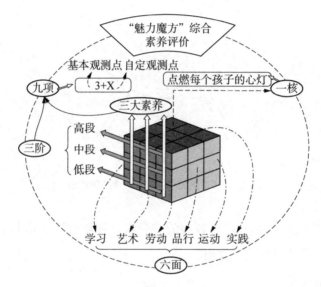

图1 "魅力魔方"综合素养评价

(一) 一核:"融结"评价功能

"点燃每个孩子的心灯"是我校的办学理念,是全体师生的教育信念与灵魂,更是综合素养评价的核心。这一理念表明学校不仅关注学生的学习素养,还关注他们的品行、运动、艺术、劳动、实践等素养。它融结了评价的功能,坚持素养导向,推进综合评价,落实场景应用,并以此激发学生的好奇心,使其建立自信心和培养责任心(见图2)。

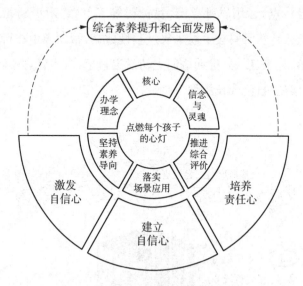

图 2　以"点燃每个孩子的心灯"为核心

以"点燃每个孩子的心灯"为核心的综合素养评价有助于培养学生成为全面发展的个体，主要体现在以下方面。

1. 关注全人教育

学校的办学理念强调了对学生综合素养的关注，致力于将学生培养成为全面发展的个体，这也是现代教育的重要趋势。

2. 坚持素养导向

综合素养评价模式意味着评价的聚焦点不单是外在的成绩或者表现，更多的是学生内在的素质和能力，这有助于激发学生的内在动机，促使其自我驱动。

3. 聚焦综合评价

综合素养评价体系不只是单一维度的评价，而是全方位、多角度、立体式的综合评价。这种评价方式能够更全面地反映学生的能力，激发学生的潜力。

这一核心办学理念体现了学校对学生全面发展的重视,以及对教育本质的深刻理解。综合素养评价的实施,有助于将学生培养成为适应未来社会发展需要的复合型人才。

(二) 六面:"融合"评价领域

品行素养、学习素养、运动素养、艺术素养、劳动素养、实践素养这六大不同领域素养的融合,共同构成了"魅力魔方"六面体评价领域,也是学生素养评价的六大领域。

在这里我们特别强调实践素养作为素养评价的一部分,是因为我们意识到现有的"五育"评价是通过对素质要点的比较和计算来进行的分解式评价,最终获得的是学生外显和单一素质的评价集合,无法获得关于学生素质的综合性评价结果,偏离了学生综合素养评价的初衷。我们提出的实践素养,它与其他五大素养领域一样成为独立的领域,如"我当家"中的生活实践、社会实践等,是学生将理论知识应用到实际中的能力,强调学以致用,增强学生的实际操作和社会实践能力。同时,也可与这五大领域交互融合,如跨学科统整学习、整合不同领域知识技能的项目式学习等,从而帮助学生建立联系思维,提高解决复杂问题的能力,是实践素养的综合应用(见图3)。

这种多元化、立体式的素养评价模型有以下几个特征。

1. 多元整合

该评价模型将多个素养领域进行整合,为师生提供了一个全面发展的框架,体现了现代教育对学生全面发展的要求。这种多元整合有助于学生各个素养领域的均衡发展,避免了过于偏重某一素养领域的情况。

2. 立体发展

如果将六大素养比喻为魔方的六个面,那么每个面都是独立的,并且缺一不

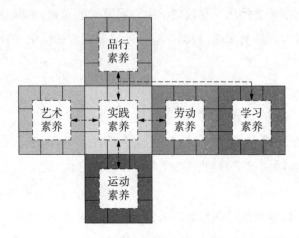

图3 六大素养

可。如同立体化的魔方,各素养之间相互关联和依赖,需要协同发展才能灵活转动。综合素养评价能够促进学生发展不同领域的能力,形成立体发展的个人素质。

3. 个性适应

每个学生都有自己的特长和兴趣,该评价模型在关注学生全面发展的同时,允许学生在不同的素养领域中寻找自己的优势,实施个性化教育,培养学生适应未来社会多样化需求的能力(见图4)。

(三) 三阶:"融通"评价梯度

"魅力魔方"六面体中的每个面均分为三个阶,按小学生年段来划分评价梯度,即小学低阶段、中阶段和高阶段。这个体系不仅考虑到了不同年龄层学生的认知发展水平、心理特点和社会适应性等方面的差异,还考虑到了不同年段学生的学习内容和学习要求的不同(见图5)。

图 4 学生案例

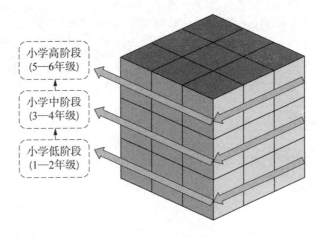

图 5 三阶梯度

以文化理解为例,评价模式融通了学生低、中、高三个阶段的评价梯度,形成了分层次、渐进性的学生素养评价体系。从中可以看到,同为文化理解这一评价项目,随着年段的提高,评价内容与学生的成长同步,相应变得更加复杂、深入(见表1)。

表1 以文化理解为例展示评价梯度

评价领域	评价项目	评价梯度		
		小学低阶段（1—2年级）	小学中阶段（3—4年级）	小学高阶段（5—6年级）
艺术素养	文化理解	初步了解中国音乐文化；初步了解世界多元音乐文化；能利用不同的工具、材料和媒介，体验传统工艺，学习制作工艺品，知道中国传统工艺是中华民族文化艺术的瑰宝，增强中华民族自豪感；关注艺术与生活的关系；能与同学交流合作，并尊重、理解他人的看法。	增进对中国音乐文化的了解和喜爱之情，了解世界多元音乐文化，开阔文化视野；能利用不同的工具、材料和技能，制作传统工艺品，学习工艺师敬业、专注和精益求精的工匠精神，关注生活中的艺术，能联系所学知识进行描述和分析，表明自己的理解；能主动学习和探究，在交流、合作时，能尊重、理解他人的看法。	理解中国音乐文化中的中华美育精神和民族审美特质，增强文化自信；进一步了解、尊重世界多元音乐文化；能利用不同的工具和材料，制作或创作工艺品，体会传统工艺"守正创新"的内涵与意义；对社会生活中的艺术现象和艺术文化能作出一定的合理分析与评价；能运用跨学科的方法，多角度、辩证地分析问题，具有一定的综合探索和学习迁移的能力。
	审美感知	略	略	略
	创意表现	略	略	略

"魅力魔方"对学生素养评价梯度的设计，根据小学生不同年段的特点进行划分，具有以下特征。

1. 适性发展

综合素养评价体系考虑到了不同年龄阶段小学生的认知发展水平、心理特点和社会适应性等方面的差异，评价标准和内容根据小学生各年龄段的发展进行调整，确保评价的挑战性和可接受性相匹配。

2. 连贯渐进

综合素养评价体系不仅关注学生的成长，还关注不同年段学生的学习内容和学习要求的不同。该评价体系融通三个评价梯度，分层次、渐进性的设计，让学生在低、中、高的每一个阶段,随着评价内容的复杂和程度的增加,不断增强自己的能力,逐步发展自己的素养水平。

3. 突出个性

通过设置低、中、高三个阶段不同的评价梯度,对学生进行个性化的教育。学生可以在各自的年段得到适合自己发展水平的评价和指导,有助于每个学生最大限度地发挥潜力。

这种融通三个梯度的评价模式,根据学生的发展阶段来划分教育目标和评价标准,兼顾了学生学龄差异、评价内容差异,体现了对学生成长阶段性特征的认识和尊重,使评价更精细化、更具操作性,同时更加适合各个年龄段学生的实际需要,鼓励学生按照自己的节奏不断学习和挑战自我,促进自我发展和自信心建立。

(四) 九项:"融汇"评价项目

"魅力魔方"的每一面都分为三阶,每阶三块,融汇九个评价项目。例如,以艺术素养为例,我们可以看到评价领域包含了文化理解、审美感知和创意表现三方面,而低、中、高每一阶段对这三方面的评价标准都不同(见图6)。

在六大评价领域中,每一块分三个评价项目,每一个评价项目分别有低、中、高不同的三个阶段,共计九个评价项目(见图7)。

九项融汇式评价项目有以下几个特点。

1. 全面性

通过将六大素养领域细分为不同的阶段和不同的评价项目,可以全面考查学生在各阶段、各素养领域的相关能力,为他们在素养上的成长提供明确的阶梯。

2. 动态性

每个阶段的素养评价标准都不同,这使评价体系具有动态性,为评价者提供了灵活的评价工具,可以根据具体情况选择合适的评价维度。

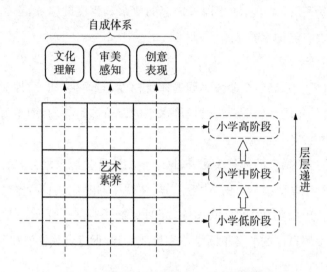

图6 以艺术素养为例展示九项评价项目

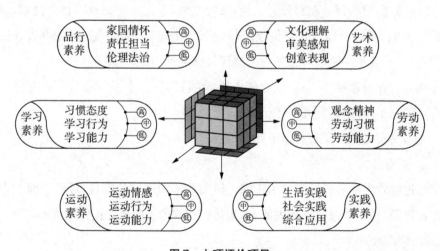

图7 九项评价项目

3. 指导性

这种分阶的评价体系可以为个体提供清晰的发展方向和提升目标,帮助他们了解自己在六大素养领域各个评价项目中的强项和待改进之处。

"魅力魔方"九项评价项目是一个细致且有层次的评价工具,项目之间横向自成体系,纵向层层递进,旨在帮助个体在六大素养方面得到全面、系统的发展。

(五)"3+X":"融流"评价内容

在每一素养的九项评价项目中,每一项目都有"3+X"个评价内容,即目标观测点。其中"3"代表三个指定观测点,"X"指多个自定观测点。结合"OKR魔方数字评价系统",学生在三个基本观测点的基础上,根据评价项目自定X项个性化观测点,如水一般流动融合,实现将各素养目标从理解到实际行动的转化,也为达成素养目标进行自我定位、适性发展(见图8)。

图8 "3+X"评价观测点

以品行素养低阶段"家国情怀"评价项目为例,这个评价项目关注学生对家庭和国家的情感认同、价值观以及责任感。指定的观测点包括基本的家庭教育、对国家符号的尊重、对中国传统文化的认知,而自定观测点则涉及参与社区服务、了解历史和文化等多样化内容(见表2)。

表2 以家国情怀为例展示"3+X"评价观测点

评价领域	评价项目	评价梯度	
		小学低阶段(1—2年级)	
品行素养	家国情怀	孝敬长辈,营造温馨的家庭氛围;经常伴随父母走亲访友,熟悉周边环境;热爱祖国,学习英雄人物的优秀品质,对革命先烈有崇敬之情;了解二十四节气、忠孝廉耻等传统习俗和历史故事,热爱中国文化;学会包容、理解和尊重世界各国不同的文化。	指定观测点: ① 每学期至少两次走亲访友; ② 认识国旗、国徽,会唱国歌; ③ 了解二十四节气。
			自定观测点: ① 会背诵社会主义核心价值观; ② 积极申请加入少先队; ③ 会讲革命故事; ④ 陪伴长辈; ⑤ ……

表3列举了学生自定的关于"感受家乡文化,关心家乡发展"的个性化观测点。

表3 学生自定观测点举例

品行目标:感受家乡文化,关心家乡发展 1. 参观博物馆,了解宁波历史; 2. 利用互联网资源,收集整理宁波近几年发展情况的材料; 3. 抄写一首诗,表达对家乡的热爱。	品行目标:感受家乡文化,关心家乡发展 1. 查找资料,实地考察,了解宁波的三处名胜; 2. 利用互联网资源,收集整理关于宁波近几年发展的相关材料; 3. 用自己喜欢的方式创造一件和宁波有关的艺术作品。
品行目标:感受家乡文化,关心家乡发展 1. 采访老人,询问亲身经历,了解宁波的发展; 2. 采访邻居,了解群众对宁波经济发展的看法; 3. 为宁波制作名片,表达对家乡的喜爱和热切之情。	品行目标:感受家乡文化,关心家乡发展 1. 请教长辈,学说学唱,了解宁波话和本地民谣; 2. 参观博物馆、展览馆,了解宁波的历史; 3. 利用互联网资源,收集整理关于宁波近几年发展的相关材料; 4. 用自己喜欢的方式创造一件和宁波有关的艺术作品。

每个素养的评价项目包含固定的部分(三个指定观测点)和可变的部分(X个自定观测点)。这种设计体现了以下几个特点。

1. 结构化与灵活性

通过设定三个固定的观测点,评价体系保持了一定的结构化特征,确保了评价的基础性和一致性。同时,通过允许自定观测点(X),评价体系又具备了灵活性,可以根据不同的评价需求和情境进行调整。

2. 标准化与个性化

指定的观测点代表了该素养普遍认可的核心要素,有助于确保所有被评价者都按照统一的标准进行评估。自定观测点则允许根据个体的特定情况进行个性化评价。

3. 适应性与发展性

由于可以自定观测点,使评价体系能够适应不同的教育环境、文化背景或特定的教育目标,提高了其广泛应用的可能性。自定观测点的设置,鼓励教育者根据学生的发展情况和需要,不断探索和添加新的评价内容,有助于评价体系与时俱进,反映教育的最新趋势和要求。

这种结合指定观测点和自定观测点的评价方法旨在提供一个既稳定又具有弹性的评价框架,从而既能确保基本的评价标准,又能适应个体差异和教育多样性。

(六) 十用:"融入"评价应用

"评价的结束才是最好教育的开始。"评价不仅是对学生能力和素养的检测,更是教育过程的一个重要组成部分,为了发挥评价的最大价值效应,紧密结合教育活动,将评价融入教育过程,特开展十方面应用研究(见图9)。

1. 长期存档

实时的OKR电子档案利用电子数据跟踪学生的成长轨迹,并长期保存评价结果,实现了对学生纵向的发展性评价,帮助学生自我反思和规划未来的发展,并为教育决策提供数据支持。

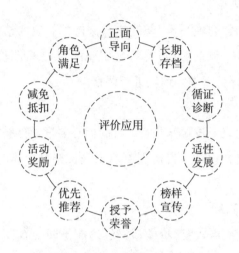

图9 综合评价体系的应用

2. 正面导向

以观测点作为学生目标驱动的工具,正面引导并帮助学生建立积极的学习环境,以此鼓励学生朝着既定的目标不断自我提升。

3. 循证诊断

使用"OKR 发展指数"等基于评价数据的自主诊断评估,帮助学生客观地了解自己的进步和需要改进的地方,提升学生自主诊断和改进的能力。

4. 适性发展

根据学生的不同特点和需求,通过六大素养评价,帮助每个学生根据自己的优势和兴趣找到适合自己的发展点。

5. 榜样宣传

将评价结果用于树立群体榜样,引导学生建立目标,并激励其他学生效仿。这种做法可以帮助学生形成积极向上的学习氛围。

6. 授予荣誉

将评价结果作为授予学生各类荣誉的参考指标,表彰学生优秀的表现,增强学生的成就感和归属感。

7. 优先推荐

利用评价结果为各类评优评先提供精准推荐,通过电子数据可公平公正地识别和奖励表现突出的学生。

8. 活动奖励

将评价结果作为学生参与各项活动资格的奖励依据,可以激发学生的参与热情和竞争精神。

9. 减免抵扣

使用评价结果减免作业或抵扣批评等,可作为一种激励措施,鼓励学生努力提高自己的表现。

10. 角色满足

让学生根据评价结果体验不同的角色,如做一天校长助理等,这种新颖的激励机制可以帮助学生理解不同角色的责任和挑战。

这些应用研究展示了评价体系在教育中的多功能性,不仅能够帮助学生了解自身的发展水平,还能够作为激励和引导的工具,促进学生的积极成长。

(七) 百变:"融媒"评价呈现

每个学生都想把自己最好的一面展示给他人。大部分的孩子都有自己的优势和长处,也有自己的弱项和短板。有些孩子尽管在某些领域已经非常优秀,但也不愿意将传统的"成绩报告单"示人。

我们利用OKR数字技术,将传统的"成绩报告单"升级为"自励成长画像"。多媒介的融合使评价如同魔方一般,可以变化出各种面块组合方式,呈现出百花齐放、各放异彩的景象。其呈现方式主要有单素养呈现、多素养呈现、单项目呈现、多项目呈现、多项目组合、素养项目组合六大类,每一类又可变化出多种组合方式(见图10)。

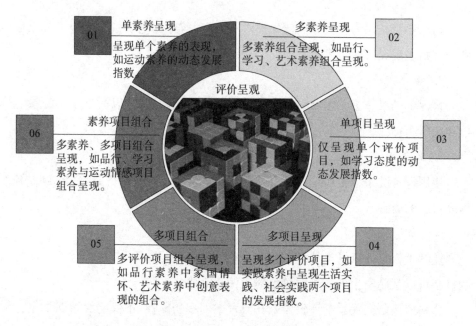

图10 多样化的评价呈现方式

多样化的呈现方式能激发学生对各个素养领域的兴趣与动机,引导他们制定适合自己的目标,自我反思改进,适性成长。利用OKR数字技术全程动态跟踪,最后呈现出更加真实和全面、具有学生个性、丰富的"自励成长画像"(见图11)。

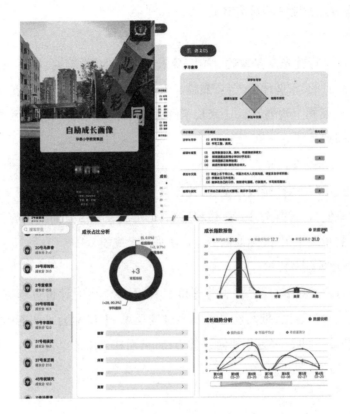

图 11　自励成长画像

三、"魅力魔方"——综合素养评价的创新对策与分析

我校作为浙江省评价改革典型学校,多年来一直致力于学生综合素养评价的实施研究。

（一）魔方式融评价的对策突破

1. 评价的引导与解读

该评价的推行首先需要教师、学生、家长思想上的"融"。我们采用向教师提供培训以了解目的、掌握评价工具；鼓励学生参与评价过程并建立自我反思能力；通过家长学校及网上沟通平台让家长了解评价体系，解释其对孩子发展的益处，使三方都能理解并支持评价工作。

2. 评价的示范与展示

在各班宣传阵地、校园宣传窗、学校公众号、新闻媒体等平台以图文或实物的形式展示学生们自定的评价内容、过程反思、自励成长等多方面的内容，让其他学生看到评价的积极作用，激励他们借鉴并实现个人成长。

3. 评价的质疑与比较

教师通过自评量表、反思日志等评价工具，引导学生对评价过程进行深入分析。学生通过参与讨论、批判性思考及多维度反思，不仅学会了如何提升自身的综合素养，更重要的是学会了如何评估自己，从而在未来的学习中作出更有针对性的调整和改进。

（二）魔方式融评价的效果反思

1. 悦纳度提升

通过构建魔方式融评价的评价环境，在评价中注重学生的情感态度和学习兴趣，采用学生自定观测点、教师的正面积极反馈、十大评价应用及百变评价呈现方式，使学生能够从评价中获得成就感和自信心，提升自我悦纳度。

2. 闪光点增加

通过目标驱动下魔方式融评价的实施，学生表现取得了可喜的进步。调查数据显示，遵纪守规的案例增加了30%，学生自律意识提升；自主学习时间较前一学期平均每周增加2.5小时,学习主动性提高;参与体育活动和艺术社团的比例分别增长了28%和16%,学生更加重视全面发展;参与劳动实践的学生数量增加35%,养成了尊重劳动的态度;登记在册的实践项目和社会贡献活动次数翻了一番,学生社会责任感增强……以上数据不仅说明评价体系在促进学生综合素养上的积极作用,也显示了学校教育质量的整体提升。

3. 个性化发展

魔方式融评价充分考虑了学生的个体差异,支持学生根据自己的兴趣、能力和学习风格制定个性化观测点,如志愿者活动、阅读量、参加运动项目、乐器学习、饲养小动物等,允许学生以多种方式展现自己的才能,这样的弹性评价框架反映了每个学生独特的学习路径和成就。

(三) 魔方式融评价的前景思考

"魅力魔方"综合素养评价以促进学生全人成长为目的,总结了评价功能、领域、梯度、项目、内容、应用、呈现的研究经验,破除以往评价体系改革始终以教师设计为主的局面,真正关注到了不同层次学生的学习需求与进步空间,并开创了在教师引导下学生自主、自发设定目标的评价体系,其评价精确度和适配性远超寻常的分层评价体系,是新型评价模式的新尝试。未来我们仍需探索如何更好地融合新兴技术,如人工智能与大数据分析,开发更具智能化的学习支持系统,并通过线上平台增强师生互动,进一步提升评价效果。

评价是教育改革与创新的杠杆,而"魔方"评价就是它的支点。支点的科学性、生动性、前瞻性,构成了它的"魅力"所在。

参考文献

[1] 中共中央,国务院. 中共中央、国务院印发《深化新时代教育评价改革总体方案》

[EB/OL].(2020-10-13)[2024-04-02].https://www.gov.cn/gongbao/content/2020/content_5554488.htm.

［2］中华人民共和国教育部.义务教育课程标准(2002年版)[M].北京:北京师范大学出版社,2022.

［3］柴唤友,陈丽,郑勤华,王辞晓.学生综合评价研究新趋向:从综合素质、核心素养到综合素养[J].中国电化教育,2022,422(3):36-43.

崔静　浙江省宁波市鄞州区华泰小学　美术教师　教龄25年

后记

持续一年的"黄浦杯"长三角城市群教育科研征文活动,又一次告一段落。紧跟着的,是新一轮的酝酿和策划。看似在循环,有着重复的流程和环节,实则有变化,不断迎接新的主题和新的作者,以及涌现出来的新思考和新实践。一年又一年,有些被沉淀,有些被刷新。

这是一项有专业引领的征文活动。每年冬天,我们邀请大学教授、出版界专家、教科研负责人等一起开展研讨,进行专门的主题策划,以一线教师的立场和视角寻找合适的选题并加以诠释。合适的选题需要用新观点对接好实践。我们从常识和常理出发,关注实践中的重点和难点,结合教师的兴趣和教学内容,指向学生的成长。每年春天,我们召开动员会,发布征文启事,从学术解读到写作题材,从策划初衷到组织形式,聚焦新的选题,推动新一轮活动铺展开来。在各地动员与培训过程中,我们给予专业支持,也提供实操技能,带领教师从教学设计或课堂实景出发,剖析做法背后的想法,提炼实践智慧。每年夏天,随着各地热火朝天地提交稿件后,我们进行汇总和分类,邀请不同领域的专家,依据较为复杂的评审规则,经过复评与终评,在层层筛选中确认花落谁家。评审过程穿插着交流研讨,评委们就主题和稿件推测写作者的思路,讨论他们可能的困惑与障碍,既捕捉亮点,也分析痛点。这种交换意见的过程正是征文活动的价值体现。每年秋天,随着获奖教师从长三角的舞台上捧着荣誉回到课堂,我们又开始串珠成链的工作,在获奖作品中遴选适合组成篇章的文章,用几个篇章搭建一本书的结构,让这些有分量的稿件以另一种方式沉淀,走向不同的更广大群体的视野中。如此,既是一个完整的流程,也是螺旋上升的似乎无休止的循环。不同人卷入,不同人成长。

  这也是一项有专门组织的征文活动。三级网络、通联机制,保障渠道畅通,保证落实到人。近年来,直接参与写作的教师逾万人,从农村到城市、从一线教师到学校管理者,不论地域、不论身份、不论题材,尝试用各自的方式破题。20多年来,超过一万名教师在这次征文活动中获奖,他们因为写作而实现专业发展,不少教师由此成长为区域教科研负责人或校(园)长。20多年来,活动的成功开展离不开每一位长三角科研人的努力付出。"长三角城市群教育科研协作共同体"(简称"长共体")20周年时,我们表彰了20年来20位最佳贡献者,给他们的颁奖词是:他们是长三角各地教科研的策划者和组织者;他们是区域教改的指导者和推动者,幕后策划、引领一方、托举他人。

  今年征文活动的主题是"走向融合"。不同于以往那些或宏观或微观的主题,"走向融合"指向更广阔、更纷呈的场景。如何在旧有的框架中实现突破,如何重建学习与生活的联系,从而实现教学方式和育人方式的双重转变?这需要运用系统思维,真正将学生视为复杂而特殊的独立人,将教育视为融合了各要素的综合实施的复杂过程。我们在向教师诠释主题的同时,也给他们配好脚手架。我们帮助教师厘清"融合"的概念不是堆积或拼凑,指导教师寻找契合点或切入点,从校本课程建设、课堂教学变革、教育评价改革等维度进行解惑和回应。好的主题总是观照理念和实践,贯通书本和课堂,引领教师跳出实践反思实践,实现认知升级和行为改进,最终借由教师的发展惠及学生的成长。

  依然有很多值得感谢的单位、群体和个人。感谢作为联合主办方的黄浦区教育局和黄浦区教育学院,是他们的充分认可和信任,在这么多年里持续地提供经费和资源,才使得征文活动的顺利开展有坚实的保障。感谢"长共体"科研院所的负责人和通联员,是他们在当地精心动员和组织,深入学校、发现苗子、提供辅导,才有一篇篇文章浮出水面、历经打磨,最终来到评审现场——他们兼具组织者与研究者的功能,打通了最后一公里,是教师身边的"重要他人"。感谢每一位提交文章的教师,每一个落在纸面上的文字,都对应着独特的想法和做法——从理念转换成实践,这中间的种种跋涉经过特定的梳理和提炼,终于有了闪闪发光的机会。感谢华东师范大学出版社教心分社的彭呈军社长和白锋宇编辑,一如既往、毫无保留地支持本书出版,是我们知心的合作伙伴。在这个项目中,我们共同成全了一位又一位的教师。

为基层教育科研服务,引领教师形成专业的科研表达,这是"黄浦杯"长三角城市群教育科研征文活动的初衷和目标,也是它得以成为极具影响力的教育科研品牌活动的底气和特色。

吴宇玉
上海市教育科学研究院普教所

长三角教育科研丛书
助力教师科研写作

2010—2019

2020—2024